うちの台所道具

ワタナベマキ

はじめに

仕事柄、台所道具は、いつも使いやすいものを求めて探しているように思います。
料理の仕事をしているので、たくさんの台所道具で溢れていると思われがちですが、
限られたスペースの中で、なるべくすっきりと効率のよい台所にできるように、
いつの日か無駄なものは買わない、というようになりました。
料理の仕事をしている人の中では、物は少ないほうではないかな、と思っています。

でも、このような考えになったのは、ここ最近。
20代の時は、なんでもかんでもすてき！と思ったら買ってみたり、
海外に行けば、台所道具をわんさか買ってきたり。
そんな時代もあり、本当に必要なものだけに削ぎ落とされてきたと思います。

この本でご紹介したのは、私の料理をサポートしてくれる頼りがいがある道具です。
何度も何度も使って、少しくたびれているものもありますが、
自分らしい道具になっている気がします。
台所道具と上手につきあって、自分の道具に育てていくのも、
愛着がわき、とてもおもしろいものです。
この本が、そんなきっかけになりましたらうれしいです。

ワタナベマキ

もくじ

まいにち使うもの

ずっと愛用しているもの

おいしいを作るもの

私の小さな必需品

ストックの強い味方

テーブルの上で

コラム

この本での約束ごと

・1カップは200㎖、1合は180㎖、大さじ1は15㎖、小さじ1は5㎖です。
・「ひとつまみ」とは、親指、ひとさし指、中指で軽くつまんだ量のことです。
・オリーブ油は「エキストラ・バージン・オリーブオイル」、だし汁はいりこ昆布の水だし（31ページ参照）を使っています。

まいにち使うもの

木屋のまな板

料理をする上で欠かせないもののひとつが、まな板です。まな板には、いろいろな素材や形のものが存在します。うちに仕事にいらしたほとんどの方が台所を見て、「まな板の数が多いですね〜」とおっしゃいます。そうなんです。私は、「板」というものが大好きなんです。形、木の種類、厚みなどさまざま。時には、木の切れ端を木工屋さんからもらってきたり、まな板にちょうどよさそうな木を見つけては、「これ、まな板になるかな？」などと考えたりしています。

まな板で特に気にしているのは、包丁の刃とのあたり具合。とんとんとリズミカルな音が響くと、それだけで切るのが楽しくなりますよね。料理のいちばん初めに聞こえてくるこの音の心地よさが、「まな板は木がいい」と思っている理由のひとつでもあります。木の種類もさまざまですが、やわらかすぎると包丁の刃が入りすぎてしまうので、なるべくかための素材を選ぶようにしています。

昔からまな板は、銀杏《イチョウ》の木で作られたものがよいとされています。私も銀杏の木のまな板を1枚、スタンダードな長方形のものを持っています。これは、大きな魚をさばいたりする時に登場します。

普段よく使っているのは、青森の物産展で手に入れたヒバ材の丸いまな

薬味たっぷりちらし寿司

材料(4人分)

ごはん……2合分
しょうが……1かけ
みょうが……3個
A
- 米酢……大さじ3
- てんさい糖……大さじ1
- (またはきび砂糖)
- 塩……小さじ1/2

みつば……8本
青じそ……6枚
梅干し……2個
すだち……1個
白いりごま……大さじ2

①しょうがとみょうがはみじん切りにし、合わせたAに漬ける。
②みつばは2cm幅に切り、青じそはせん切り、梅干しは種を除いてたたく。
③ごはんに①、梅干しを混ぜ、器に盛る。みつば、青じそ、薄切りのすだちをのせ、白ごまをふる。

板(12ページ)。直径24cmのまな板は、狭いキッチンスペースにはとてもよい大きさなのです。大きすぎず、小さすぎず、重たすぎず、持ち上げてお鍋やフライパンに直接材料を入れたり、日々の料理に欠かせないまな板のひとつです。

　そして、もうひとつ。私にとって欠かせないまな板が、この木屋の18cm角の小さなひのきのまな板(8ページのいちばん手前)。これを使い始めたのは、お世話になっているスタイリストさんに以前いただいてから。どこに置いても邪魔にならない大きさで、果物や薬味を切るのにも、さっと取り出せて便利。朝食を作る時は、このまな板しか使いません。洗うのもとってもラク。時には鍋敷きにしたり、チーズボードにしてしまったり。正方形だから、とても使いやすいのです。スタイリストさんからいただいて以来、うちの定番になったまな板ですが、私もいろいろな方に「これ使ってみて」とプレゼントしています。手頃な値段というのも魅力ですよね。

　木のまな板は漂白などはできませんが、木が持つ殺菌力もあるので、洗ってきちんと乾かせば、カビが生えることなく長く使えます。しばらく使っていると、表面にボコボコと包丁の傷がついてきますが、粗いヤスリで削り、そのあと細かいヤスリで削ると、新品同様きれいになります。

木屋「木曽ひのき 薬味まな板(張り板)」18×18×厚さ2cm、1200円

吉實《よしさね》のペティナイフと omoto《オモト》の菜切り包丁

私が料理道具の中で特にこだわりを持っているのが、包丁です。「どうしたらそんなに細く切れるんですか?」「たくさん切るのが苦痛です…」といった質問やご意見をよくいただくことがあるのですが、切れる包丁さえあれば、どんなにも細く、せん切りも鼻歌が歌えちゃうくらい楽しく、切り続けることができます。

思えば大学時代、友達に「誕生日プレゼントは何がいい?」と聞かれて、「いい包丁が欲しい!」とお願いしたのが、私とよく切れる包丁との最初の出会いでした。

その後、何十年とかけてたどり着いたのが、東京・亀戸にある吉實さんの包丁。吉實さんとの出会いは、私がよく行く百貨店で大将が研ぎのデモンストレーションをされていた時に、その研ぎ姿があまりにも格好よくて、「この包丁を使ってみたい!」とひと目惚れしたのでした。いつもはあまりひと目惚れ買いはしないのですが、吉實さんの包丁は、出会いから今日までずっと、私の料理を毎日おいしくしてくれる道具となりました。

包丁にもいろいろな大きさのものがあり、料理や切るものによって何種類かを使い分けていますが、私の手が小さいのか、刃渡り13㎝ほどの吉實さんのペティナイフのサイズがしっくりきます。細かな作業が得意なペティナイフは、果物、野菜はもちろん、豚肉の筋切りや鶏肉の脂身を取り除く時なども軽やかに動かすことができて、毎日の料理作りの中で大活躍してくれています。

そしてもうひとつ、最近仲間入りしたのが、こちらのすばらしい菜切り包丁。菜切り包丁はずっと欲しいなと思っていたのですが、大きいものや重たいものが多かったりして、なかなか「これ！」というものには出会えていませんでした。そんな時に、このomotoさんの菜切り包丁を友人からいただき、その存在感と切れ味のよさに驚きました。

この菜切り包丁は、ペティナイフのなめらかな切れ味とは違って、ストン！ストン！と歯切れのよい切れ具合。まな板の上で、気持ちのよい音を立てながら垂直に。この包丁が台所にあるだけで、おいしそうなおみそ汁の香りがしてくるのは私だけでしょうか…？

男らしい佇《たたず》まいですが、刃渡り13.5cmとやや小さめで、大きさは女性寄り。またひとつ、育てていく楽しみが増えた包丁です。


吉實（よしさね）「ステンレスつば付ペティナイフ」4寸5分（現在は廃番）。代わって5寸、1万4500円を販売。

omoto（オモト）「小さい菜切り」刃渡り13.5cm
なすの揚げびたし

材料（2〜3人分）
なす……5本
A［酢、ナンプラー……各大さじ1
酒……大さじ2
水……1/2カップ
しょうがのせん切り……1かけ分
揚げ油、みょうが……各適量

①なすはヘタを落として縦半分に切り、皮目に斜めに細かく切り込みを入れ、水にさっとさらして水けをふく。
②小鍋にAを合わせてひと煮立ちさせ、バットなどに移す。
③揚げ油を中温（170℃）に熱し、①をやわらかくなるまで3〜4分揚げ、熱いうちに②に漬ける。器に盛り、せん切りのみょうがをのせる。

雲《くも》井《い》窯《がま》のごはん用土鍋

マタタビの米とぎざる
お米をとぐ時には、こちらを使用。手編みのやさしさ、この深さが使いやすい。東京・西荻窪の雑貨店で購入。直径21×高さ13.5cm

土鍋でごはんを炊くようになって、かれこれ15年ほどになるでしょうか。20代の頃に住んでいたところにお気に入りの和食屋さんがあり、そこの炊きたてのごはんが本当においしくて、いつも2～3杯はおかわりをしていた記憶があります。そのお店で使用されていたのが、この雲井窯のごはん炊き用の土鍋です。

「どこの土鍋ですか?」「どこで買えますか?」とお店の方にリサーチし、20代の頃の私にとってはやや高価な土鍋だったのですが、折しもちょうど料理の仕事を始めたこともあり、「まず最初はごはんでしょ!」と意気込んで購入しました。

ごはんは、基本的にはどんな鍋でも炊けるものです。私もアルミ鍋、鋳物の鍋、ステンレスの鍋、炊飯器など、いろいろなお鍋で炊きますし、鍋で炊くごはんにはそれぞれ違いがあり、おもしろいものです。

私は、かためのごはんが好き。でもお鍋で炊く場合は、炊きムラも多少あります。同じように炊いているつもりでも、昨日はかたかった、今日はやわらかかったなど、日によってムラも多くありました。そんなことを解決してくれて、常に私好みのごはんを炊いてくれるのが、この土鍋でした。

わが家の土鍋は3合用なのですが、いつもだいたい2合分を炊いています。洗ったお米と水を入れ、ふたをして強火にかけます。ぷくぷくと煮立ったら弱火にして約7分炊き、15秒ほど強火にして火を止め、15分蒸らします。最後に15秒ほど強火にすると、中の水分が蒸発して、一粒一粒が立ったツヤツヤの炊き上がりになります。

土鍋は基本的にふたに穴があいているのですが、私はお箸などで穴をふさいでごはんを炊きます。ふさいだほうがごはんがもちっとした食感になり、よりおいしく感じられるからです。土鍋をお持ちの方は、ぜひ試してみてもらえたらと思います。

実は私は炊きたてのごはんよりも、人肌に冷ましたくらいの温かさのごはんが好きです。甘みが感じられて、しみじみおいしいと思います。ちなみにお米の種類でいうと、島根県の仁多米《にたまい》がお気に入り。この土鍋との相性も、とてもいいと思います。

もうすぐ使用して15年ですが、1日2～3回は炊くわが家では、本当に頭が下がるほど働き者の年長者です。娘がいたら、お嫁入り道具にこの土鍋を持たせてあげたいなぁ。娘はいないので、夢のお話ですが(笑)。

雲井窯(くもいがま)「黒楽三合炊御飯鍋」外径22(取っ手を除く)×高さ15㎝、重さ3.2㎏、3万8000円

梅干しとしょうがの炊き込みごはん

材料(4人分)

米……2合
梅干し……大2個
しょうがのせん切り……2かけ分
水……370㎖
酒……大さじ2

①米は洗ってざるに上げ、土鍋に入れ、その他の材料を加えて10分浸水させる。
②ふたをして強火にかけ、煮立ったら弱火で15分炊き、15秒ほど強火にし、火を止めて15分蒸らす。
③梅干しを崩しながら全体に混ぜる。

桶栄《おけえい》の さわらのおひつ

おひつがわが家の必需品になったのは、10年くらい前からです。もともと実家でもおひつを使っていてなじみがあったので、生活にはすんなりと入ってきたのですが、いざ自分で選ぶとなると大きさ、木の種類、形などいろいろあって、値段のことなどを考えると失敗はできないと、とても慎重に選んだ記憶があります。

最終的に選んだのは、さわらのおひつ。木の香りがふわっとして、さわらの耐水性、通気性のおかげで、ごはんが長持ちしておいしくなります。

もともとおひつは、土鍋で炊いて残ったごはんを保存しようと購入したのですが、本来のおひつの使い方をお聞きして、当時は目からうろこ。教えていただいた通りに、炊き上がったらすぐにおひつに移すようにしました。ごはんが少しやわらかく炊けてしまった時も、おひつに入れるとほどよく水分を吸ってくれるので、おいしい状態になります。

ごはんの水分をちょうどよい具合に保ち、ほんのり冷めたぐらいのごはんが、炊きたてよりもおいしい。家族がバラバラに帰ってきても、夜、たくさん炊きすぎても、おひつにさえ入れておけば、家族みんなでおいしいごはんがいつでも食べられるというのは、笑顔が増える秘訣ですね。ちなみに、冬などでごはんがとても冷えてしまった際は、後述の蒸籠《せいろ》（72ペー

卵かけごはんとかぼちゃのみそ汁

材料（2人分）
《卵かけごはん》
ごはん …… 茶碗2杯分
卵 …… 2個
青のり、しょうゆ …… 各適量
《かぼちゃのみそ汁》
かぼちゃ …… 1/8個（150g）
しめじ …… 1パック（100g）
青じそ …… 4枚
だし汁 …… 2カップ
みそ …… 大さじ2

①かぼちゃは種とワタを除き、皮をところどころむいて3cm角に切る。
②鍋にだし汁、①を入れて中火にかけ、煮立ったらかぼちゃがやわらかくなるまで弱火で4分煮る。
③ほぐしたしめじを加えてくたっとするまで煮、みそを溶く。器に盛り、せん切りの青じそをのせる。
＊卵かけごはんは、ごはんに卵をのせ、青のりをふり、しょうゆをかけて食べる。

ジ）でさっと蒸して食べたりしています。これまたしっとり、ふんわりとして格別のおいしさです。

おひつにはさわらのほかに、ひのきや秋田杉の曲げわっぱなどでできたものもありますが、私は木の素材の中では、香りがいちばん少ないものを選びました。木は生きているので、乾燥する冬には縮んだりと、季節や湿度によって多少動きます。タガがゆるんでしまうこともありますが、そういう時は水にぬらして水分を戻してあげると、元通りになります。

おひつ同様、木のお皿やまな板、テーブルや椅子など、たくさんの木の素材のものがうちにありますが、どれも生きているなぁと感じるものばかりです。お皿や家具は時々オイルを塗ってメンテナンスをしていますが、特に家具はどんどんよい感じの色に変わり、新米から中堅あたりになってきたでしょうか。家の中でなじみ、木の家具の中で、心地よい場所をつくってくれています。

おひつもほかの台所道具も、経年変化を楽しめるものは、自分と一緒に成長していくようでとても楽しいものですし、愛着もわいてきますね。

桶栄（おけえい）「おひつ 江戸櫃（びつ）7寸」（二〜三合）直径約21×高さ13.5cm、現在は、まったく同じものは作っていないが、同サイズのものはデザイン、素材違いで販売あり、5〜7万円

さらし

さらしといえば、着物を着る時に使用したり、妊娠した際にお腹に巻いたりと、時々お目にかかるという程度のものでした。

妊娠中に始めた刺し子は、さらしのふきんに糸を刺していくもので、手芸屋さんで一反のさらしを買い、好みの大きさに切って、刺し子をして楽しんでいました。でも、刺し子のふきんに使用するのは、せいぜい20㎝を二つ折りにしたサイズ。なかなかさらしがなくならず、母に布オムツを作ってもらった以外は、ずっと家にあるという状態でした。

ある時、お寿司屋さんへ伺った際に、きれいで清潔なカウンターで具材やすし飯の手入れ、道具の手入れなどに使用されていたのがさらしでした。「そうか、なるほど！　さらしはこのように使うんだ」と、とてもよいことを教えてもらったと思ったのを覚えています。

それまで、野菜の水きりはキッチンペーパー、蒸し器の底に敷くのはオーブンシートと、あらゆる消耗品を使用してきたのですが、それらを一新、さらしを必要な長さに切って使うようにしました。

野菜の水きりは、ペーパーよりもはるかに水ぎれがよく、蒸しものも蒸気をよく通してくれるので、ベチャつかない。粕漬け、みそ漬けなども、魚や肉の上にさらしをのせてから床をのせる。そのようにすると、漬かり

鮭の粕漬け

材料（2人分）
生鮭の切り身……2枚
塩……小さじ1/3
粕床……大さじ6
すだち、みつば、粉山椒……各適量

①鮭は塩をふって10分おき、水けをふく。
②バットにさらしを敷き、粕床少々をのばして①をのせ、さらしをかぶせて残りの粕床を広げ、ラップをかけて冷蔵室で保存する（2〜3日目が食べごろ、保存は約4日）。
③鮭の粕床を軽くこそげ、魚焼きグリルの中火で8分焼く（または、オーブンシートを敷いたフライパンの弱火で10分焼く）。器に盛り、薄切りのすだち、5cm幅に切ったみつばをのせ、粉山椒をふる。

＊粕床の作り方（作りやすい分量）
酒粕100gは室温に戻してやわらかくし、みりん1/2カップ、塩小さじ1と1/3の順に加えて混ぜる（板粕の場合は、小さくちぎって室温に戻し、みりんに15分つける）。


すぎる心配もない。だし汁をこしたりするのも、さらし。日々の料理に欠かせないものになりました。

10mでわずか1000円ほどという、手頃なお値段も魅力的。長持ちで、清潔で、台所で野菜の水きりなどに使用したあとは、きれいに洗って最後は雑巾として、部屋の掃除などに使ってから捨てたりしています。今までペーパーで山になっていたごみ箱の中身が、半減したのもうれしい。台所には、この真っ白な清潔感が似合うのですよね。

さらしを上手に使いこなすと、少し料理上手になった気がして楽しいですよね。ぜひ、自分らしいさらしの使い方を見つけてみてください。

ちなみに、粕漬けに使用した酒粕は、おみそ汁に少し加えたり、炒めものの際に加えたりするとぐっとうまみが増して、おいしい料理になります。今回は鮭を漬けましたが、さばやいか、豚肉や鶏肉などを漬けるのもおすすめです。さらしを使用して漬けると、素材にたくさんの酒粕がつくことがないので、上手に焼くことができます。ですが、酒粕は焦げやすいので、弱めの火で焼いてくださいね。


さらしは薬局、ドラッグストア、手芸店、呉服店などで購入可。幅34cm×10mで1000円前後

イタリアのガラスジャグ

わが家で使っている台所道具の中で、いちばんポップな色合いのものがこのジャグかもしれません。イタリアの老舗ガラスメーカー「Bormioli Rocco（ボルミオリ ロッコ）」のジャグです。イタリアらしいフォルムと色みに心惹かれて使い始め、とても愛らしい台所道具だと思っています。

ジャグは容量1ℓで3つあり、そのうち毎日稼働しているのは2つです。ひとつは、ルイボスティーを作って常備しておくもの。もうひとつは、水だしを作っておく用です。残りのひとつは予備ですが、子どもの友達が来たらお茶のボトルがひとつでは足りなくなるので、もうひとつお茶を作ったり、夏は梅ジュースを作ったり、撮影時の冷水を入れたり、時にはカルピスだったり。常に冷蔵庫に2つは入っている状態です。

このジャグの特徴は、しっかりと密閉できること。かわりに、そのつどふたをはずしてから中身を注がなくてはならないという点は、少し不便なのですが、きちんと密閉できるということは、鮮度が保てるということ。それはお茶にもおだしにも大切なことで、傷まずに保存できるという安心感があります。そして温かいものも入れられて、手頃な値段というところも、気に入って愛用している理由のひとつです。

1ℓ入りで大きすぎないので、冷蔵庫のドアポケットにもきちんと収まるサイズ。鮮やかなブルーのキャップが、私の台所の中ではとても目立つのですが、実はこのボトルを使用し始めた頃、いちばん反応がよかったのは息子。割と地味めなものを選ぶ私ですが、いつもと違うこのポップなブルーが台所に仲間入りしたことで、「これいいね！」と真っ先に言ったのは息子でした。息子がいちばんよく使用している台所道具なので、それだけでも「このジャグにしてよかったあ」と思っています。

おだしは約2日分、最近の定番はいりこと昆布の水だしです。夜に頭、エラ、腹わたなどをとったいりこ8本、7～8㎝長さの昆布を1枚入れ、水を注いで冷蔵室へ。毎日のおみそ汁のほか、おひたしや煮ものなど、わが家の日々の食卓に欠かせないおだしです。

お茶は1日で1ℓを飲みきってしまうので、毎晩煮出して温かいものを注ぎ、常温で冷ましたら、翌朝冷蔵庫に。冬場はお茶はそのまま常温で保存しますが、真夏は子どもが学校から帰ってくる頃には冷たくなり、ほてった体を冷やしてくれる大切な存在です。

frigoverre（フリゴベール）「SQUARE JUG（スクエアジャグ）with LID 1.0ℓ」
8.8×8.8×高さ22.8㎝、容量1ℓ、1350円

オクラのだしびたし

材料（2～3人分）

オクラ……15本

塩……小さじ1

A
- だし汁……1と1/2カップ
- ナンプラー……大さじ1と1/2
- 酢、酒……各大さじ1

①小鍋にAを合わせてひと煮立ちさせ、バットなどに移す。

②オクラは塩をまぶしてまな板の上で転がし（板ずり）、流水で洗い、ガクの部分をくるりと薄くむく。

③沸騰した湯に②を入れ、30秒ゆでてざるに上げ、熱いうちに①に漬ける。

*だしのとり方

水1ℓに下処理したいりこ（頭をとって半割りにし、腹わたを取り除いたもの。から煎りするとなおよい）8本、昆布7～8㎝を入れ、冷蔵室にひと晩おく。

conte《コンテ》のステンレスボウル

　このステンレスボウルと出会ったのは、3年前。こちらをデザインした知り合いから、「使ってみて」と紹介していただいてからのつきあいです。凛とした佇《たたず》まいと、考え尽くされた機能美。このボウルがあるだけで料理上手なキッチンに見えてしまう、すてきなボウルです。「待ってました！」とばかりに、かゆいところに手が届くボウルに出会えたのですが、私がこのボウルが好きなのは、見た目だけではありません。安定感のある重さ。これも大きな魅力のひとつです。

　ボウルに軽さを求める場合もあるかもしれませんが、私は安定感が欲しいと思っています。混ぜたり、あえたりする際に、ボウルがグラグラッと動くのが苦手なのです。ボウルの安定感によって、ボウルの中の具材を気持ちよくあえられるということが、料理の楽しさにつながると思っています。深さもあるので、まさにあえものには最適です。

　サイズは3種類あり、大（直径22㎝）は葉野菜などをざっくりあえるサラダに。中（直径18㎝）は、今回使用した野菜のマリネなどのあえものに。小（直径13㎝）はドレッシングなどの調味料を合わせたり、卵を溶きほぐしたりなど、それぞれの大きさに合わせて、そのつど使いやすいものを使用しています。

でも、友人のお菓子の先生は、お菓子作りには深さよりも間口が広いほうが肝心で、もう少し大きめのほうが混ぜやすいとのこと。たかがボウル、されどボウル。使いやすさや大きさなどは、自分が何を作るためにボウルが必要なのかを考えて、選んでもらえたらうれしいです。

このボウルには、ふたにもなるステンレスの丸バット、パンチングの穴あきトレイが別売りでありますので、重ねて使ったり、ゆで野菜を冷ましたり、揚げもののトレイにしたり。自分の使い方、アイデア次第で、何通りにも便利になるボウルです。

私は最近では、結婚祝いや引っ越し祝いなどの時は、このボウルをプレゼントすることにしています。贈りものをする際は、自分がもらってうれしいもの、自分ではなかなか買わないものなどを意識して選んでいますが、このボウルのセットは、みなさん喜んでくれるすぐれものです。台所道具を贈りものにすると、各々の家庭でどのように使われて、そのおうちの台所になじんでゆくのか、想像するのがとても楽しいのです。

conte（コンテ）「まかないボウル180」直径18.3×高さ10.3㎝、容量1.6ℓ、2400円。
「まかないボウル220」直径22.5×高さ12.4㎝、容量3ℓ、3200円。
「まかないボウル130」直径13.7×高さ7.6㎝、容量640㎖、1800円

彩りトマトのマリネ

材料（2～3人分）

ミディトマト（赤・黄）……各4個
紫玉ねぎ……1/4個
にんにく、しょうがのみじん切り
……各1かけ分
ナンプラー、レモン汁……各大さじ2
オリーブ油……大さじ4
ディル、粗びき黒こしょう……各適量

①トマトは6等分のくし形に切る。紫玉ねぎは繊維にそって薄切りにし、水に5分さらして水けをふく。
②赤トマトに紫玉ねぎ、にんにく、ナンプラーとレモン汁の半量を加えて混ぜる。
③黄トマトにしょうが、残りのナンプラーとレモン汁を加えて混ぜる。
④②、③にオリーブ油を半量ずつ回しかけてあえる。器に盛ってディルを添え、黒こしょうをふる。

家事問屋のステンレス容器

「何かよい台所道具はないかなぁ」と、雑貨店やデパートの食器売り場などをついうろうろしてしまいます。こんなによくうろうろしているのに、毎回新しい出会いや発見があるのが不思議です。最近はすぐにパソコンでポチッとできてしまうので、ついついラクに買ってしまいがちですが、いろいろ見て回って見識を身につけることは、とても大切だなぁと思います。

それは料理にも通じるところがあり、自分の料理だけではなく、いろいろな場所でいろいろな人が作った料理を食べることが、自分の糧となって広がっていくのかなと思います。

以前、フランス人のシェフに「料理が上手になるために必要なことは？」と尋ねたことがあったのですが、返ってきた答えが、「世界中のおいしいものを食べに行くことだよ」でした。この言葉はとても印象に残っていて、今でも時々思い出す大切な言葉です。台所道具も、自分の手で確かめて、自分の使い勝手のよいものを選ぶ。とても難しいことなのですが、あまり妥協はせずに、気に入ったものに出会うまで探すことにしています。

保存容器についても、「タッパーウェア」シリーズ、丈夫で香りうつりのしない琺瑯《ほうろう》タイプ、中身が一目瞭然のガラス容器、浅いもの、深いもの、丸いもの、正方形や長方形のもの…。私もどれほどの数を買って使ってき

ちぎりレタスとじゃこのナッツサラダ

材料（2〜3人分）
- レタス……1/2個
- 香菜《シャンツァイ》……3株
- しょうがのみじん切り……1かけ分
- ちりめんじゃこ……大さじ山盛り3
- ピーナッツ（粗く刻む）……大さじ2
- A［黒酢、しょうゆ、白いりごま……各大さじ1
- 　 赤唐辛子（小口切り）……大1本
- ごま油……大さじ2

①レタスは水につけてパリッとさせ、食べやすくちぎり、香菜は3cm幅に切る。ともに容器に入れ、冷蔵室で冷やしておく。

②フライパンにごま油、しょうが、じゃこを入れて中火にかけ、薄く色づくまで炒める。

③器に①を盛り、混ぜたAをかけ、②を熱いうちにかけ、ピーナッツを散らす。

たのか、使い勝手のよい容器を常に探し求めているような気がします。海外旅行に行けば、その土地の家庭で使われている保存容器を買ってみたり、やはり業務用がよいなと、東京・合羽橋に買いに走ったり。いろいろと使ってはまた違うものを…と、保存容器を探し続けているように思います。

保存容器に何を求めるか、人それぞれだと思いますが、私にとっては大きいものよりは、手のひらより少し大きいサイズ。冷蔵庫に2段に重ねられる大きさということが、いちばんのポイントになっていると思います。

2年ほど前に、台所道具を見直そうと、それまで使用していて古くなった保存容器などを一新しました。そんな時に出会ったのが、この「家事問屋」のステンレス容器です。サイズを統一し、2〜3日分の量が入る容量に。大量に作る煮込みは入りませんが、副菜やサラダ、マリネなどの料理も、この大きさで十分足りて、ステンレス製でにおいがうつらない、重ねて収納できる、軽い…など、今の私の生活にぴったりなものでした。

容器探しの旅はまだまだ続きそうですが、このステンレスの保存容器で、しばらくは台所も冷蔵庫もすっきりしそうです。

家事問屋「システムバット1/4（ふたつき）」11.4×16.4×高さ6.1cm、容量800mℓ、1300円。「下ごしらえ角ザル1/4」9.6×14.5×高さ5.2cm、1000円。「システムバット1/2（ふたつき）」（24ページ「鮭の粕漬け」に使用）16.7×22.1×高さ6.1cm、容量1.7ℓ、2000円

ずっと愛用しているもの

有次《ありつぐ》のやっとこ鍋

私が料理の仕事を始める際に、父が京都の「有次」で買ってきてくれたのが、この入れ子のやっとこ鍋。父は私から料理の仕事と聞いても、いまひとつ「???」という感じだったのだと思います。今でも一体どんなことをして働いているのかは、あまり理解はしていないように思います。

父が料理の仕事と聞いて、頭に浮かんだのが小料理屋さんだったのかもしれません。私は0歳から2歳頃まで京都で過ごした時期があり、父も有名な有次の存在を知っていて、買ってきてくれたようでした。自分では絶対にやらないような、「マキ」とカタカナで名前が彫ってあって、父親の愛情を感じつつ、少し恥ずかしいのも事実です。

このやっとこ鍋をもらったのは、十数年ほど前。今でも磨き磨き、大切に日々の料理に使用しています。大中小と3つのサイズがあり、直径18cmの大は筑前煮などの煮ものに、直径15cmの中はおみそ汁に、直径12cmの小はスナップえんどうやにんじんなどの形の小さいものをゆでたり、お弁当用の揚げものにも使用しています。

やっとこ鍋は取っ手がないので、矢床（やっとこ）というはさみではさんで使用します。サイズ違いを重ねて収納できるのが特徴で、取っ手がなく継ぎ目がないため熱が全体に均一に伝わり、上手に調理できるといわれています。和食のお料理屋さんでよく使用されている理由がわかりますよね。取っ手がないと不安かもしれませんが、矢床ではさむと、てこの原理で意外にもしっかりと持つことができ、ぐらつくことなどはありません。

アルミ製とあって、軽くて熱伝導率がよいので、煮ものはふっくら、揚げものもカラッととても軽く仕上がります。手入れがラクなのも、うれしい点のひとつ。ふたはありませんが、煮ものなどを作る際には、落としぶたを使用しています。

以前、京都に行った際に、追加でもうひと回り大きいサイズの鍋を買おうとしたら、お店の方に止められました。女性が矢床ではさんで持つには、私が持っている大サイズの鍋の重さが限界というお話でした。父も当時きっと、お店の方の話を聞いて買ってきてくれたんだなぁと、とてもありがたく感じました。

このお鍋も、一生ものの台所道具のひとつ。十数年では、まだまだ若者の範囲。このお鍋でこれからもたくさんの料理を作り、少しずつ育てていきたいと思います。

筑前煮

材料（2〜3人分）

れんこん……1節（200g）
ごぼう、にんじん……各1本
こんにゃく……1/2枚
干ししいたけ……4枚
A ［だし汁……1/2カップ
　 酒……大さじ2
　 みりん……大さじ1
B ［しょうゆ……大さじ1
　 塩……小さじ1/3
ごま油……小さじ2

①干ししいたけは水3/4カップに1時間以上つけて戻し、石づきを除いて縦4等分に切る（戻し汁はとっておく）。

②れんこん、ごぼうは乱切りにし、水にさらす。にんじんは乱切り、こんにゃくはゆでて2cm角に切る。

③鍋にごま油、②を入れて中火で炒め、油が回ったら①（戻し汁ごと）、Aを加えてひと煮立ちさせ、アクをとる。落としぶたをして弱火で10分煮、Bを加えて5分煮る。

有次（ありつぐ）「アルミやっとこ鍋」直径18×高さ9cm、9200円。直径15×高さ8cm、7000円。直径12×高さ7cmは現在は廃番、特注にて対応。矢床（やっとこ）2700円

012345
678910

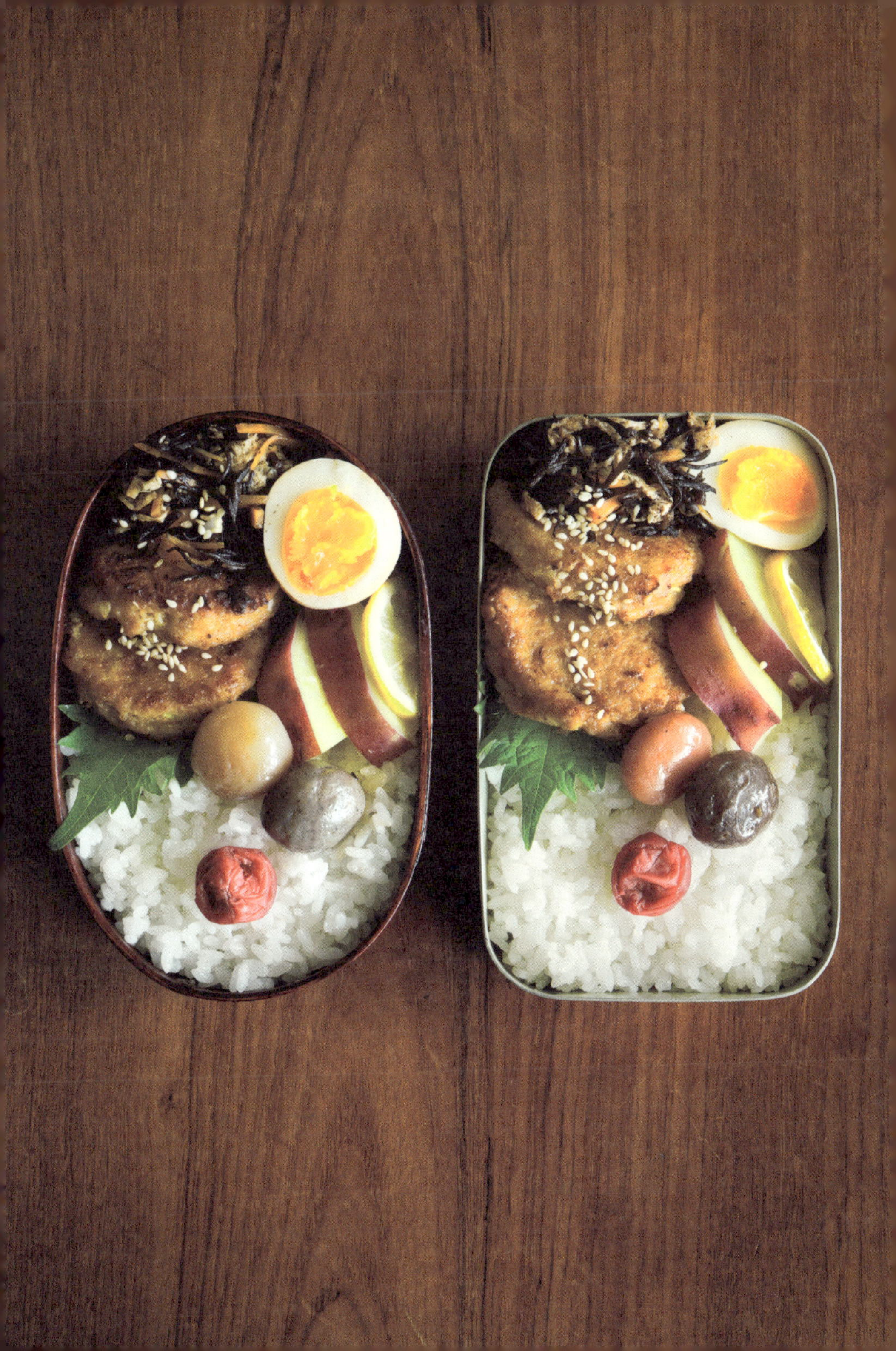

お弁当箱いろいろ

お弁当箱に目がないといっても過言ではないくらい、お店でお弁当箱が売られていると、スイスイと吸い寄せられてしまいます。もともとケータリングの仕事をしていたということもあり、どのようなお弁当箱が詰めやすいか、素材は？　大きさや深さは？など、いろいろ吟味しています。

お弁当箱は、作る季節や食べる人、食べる場所、食べる時間などによって変わってくると思います。最近は、夫と子どもに週2～3回お弁当を作ることが多いのですが、子どもの場合は塾で食べるので、食事時間は20分ほど。20分で食べられる量と食べやすさ、そして教科書などの荷物も多いので、軽いものを選んで持たせるようにしています。夫の場合は電車通勤なので、傷まないようにわっぱなどの通気性のよいもの、汁もれしないものなど、いろいろ考えながら、その時々に合ったお弁当箱に詰めています。

私のお弁当箱の思い出というと、高校生時代のお弁当でしょうか。当時はダイエットブームだったのか、今見るとお弁当箱が本当に小さい！　子どもの幼稚園時代のお弁当箱と同じくらいの大きさでした(笑)。「小さいのでいい」と母には言っていたようですが、放課後は友達とパフェやケーキバイキングなどに行っていた記憶があるので、私の女子高生時代は本当にとらえどころのない、花の16歳だったのだと思います。そんな小さなお

鶏つくね弁当

材料（4個分）

《鶏つくね》

鶏ひき肉……200g

長ねぎのみじん切り……1/4本分

しょうがのすりおろし……1かけ分

A
- 卵……1個
- 塩……小さじ1/3
- 酒……大さじ1
- 片栗粉……大さじ2

B
- しょうゆ、みりん、水……各大さじ1
- 片栗粉……小さじ2

ごま油……小さじ1

①ボウルにひき肉、長ねぎ、しょうが、**A**を入れて手で練り混ぜ、4等分して小判形にまとめる。

②フライパンにごま油を熱し、①を中火で焼き、焼き目がついたら裏返し、ふたをして弱火で8分蒸し焼きにする。

③混ぜた**B**を加えてからめる。

＊ひじき煮、味つけ卵、さつまいものレモン煮、玉こんにゃくの照り煮とともにお弁当箱に詰め、白いりごまをふる。

弁当には、大好きな卵焼きが必ず入っており、母の卵焼きは甘くないのがお気に入りで、そのお弁当の卵焼きの味を私も引き継いでいます。

お弁当箱はひとつではなく、お気に入りを2〜3個手に入れて使い回すと、見た目も変わってきますし、苦痛になりがちなお弁当作りも少し楽しくなるのではないかな、と思います。私はわっぱや漆のお弁当箱は、お弁当以外にも、おやつ入れとして使用しています。子どもが幼い頃に「クラスカDO《ドー》」さんとコラボレーションさせていただいたお弁当箱は、今では子どもには小さくなり、キッチンの小物入れとして活躍してくれています。

実は写真のお弁当箱はほんの一部で、食器棚の扉を開けると、マトリョーシカのように次々とお弁当箱が出てきます。食器棚を整理すると、自分でも忘れていた！というお弁当箱が、いくつも出てきたりします。

お弁当は日々の中で、いつもの料理と違って少しだけ特別なもの。子どもの成長や、自分の生活の変化とともに変わっていくもの。私の持っているいくつかのお弁当箱も、既に長いつきあいのものもありますが、この先も大切に寄り添っていきたいな、と思います。

（上）柴田慶信（よしのぶ）商店「長手弁当箱（小）／白木」23.5×8.5×高さ5㎝、1万円。

（右）柴田慶信（よしのぶ）商店「シバキ塗り弁当箱」17×12×高さ5㎝。数年前に購入。

（下）クラスカ「ワタナベマキさんと一緒に作ったドーのアルミ弁当箱 小」15×10×高さ3.5㎝、2000円。

（左）アルマイトの弁当箱は入手先不明

釜定《かまさだ》の鉄瓶

以前、岩手・盛岡市に行った時にひと目惚れしたのが、この南部鉄器の鉄瓶です。昔からあるとてもシンプルな形ですが、力強く、凛とした姿に惚れ惚れしました。

最近はモダンな形の南部鉄器もあるようですが、飽きずに長く使い続けたいと思い、なじみのある「あられ」という模様のものを連れて帰りました。それから十数年、毎日幾度となくおいしいお湯を沸かしてくれている、わが家の台所の主のような存在です。

鉄瓶にはいろいろな形と模様があるようですが、各々すてきな意味づけがされており、私が使用している「秋の実あられ」は名前の通り、秋にみのる実「どんぐり」からとられた形で、ころりとした姿は今も昔もとても親しみやすく、人気のある形だそうです。ほかにも「寒梅あられ」「菊丸あられ」「柚子あられ」などいろいろな形があるそうで、植物がモチーフのものが多く、選ぶ時には少々迷ってしまいそうですね。

鉄瓶で沸かした湯は、油揚げの油抜きや魚の霜降りなど、熱々の湯をかける料理の大切な下ごしらえに使用するほか、毎日お茶を飲む習慣のあるわが家では、お湯がまろやかで、すぐ沸く、たっぷり入るなど、なくてはならない存在です。

油揚げと万願寺唐辛子の甘辛煮

材料（2〜3人分）
油揚げ……2枚
万願寺唐辛子……10本
長ねぎ……1本
しょうがのせん切り……1かけ分
A［昆布……8cm角1枚
酒……1/4カップ
水……1カップ
みりん……大さじ2］
しょうゆ……大さじ1
塩……小さじ1/3
ごま油……小さじ2
七味唐辛子……少々

①油揚げは熱湯を回しかけて油抜きし、6等分の三角形に切る。長ねぎは斜め薄切りにする。
②鍋にごま油、しょうがを入れて中火にかけ、香りが立ったら①をさっと炒める。**A**を加えてひと煮立ちさせ、アクをとる。
③ふたをして弱火で5分煮、しょうゆ、万願寺唐辛子を加えて10分煮、塩で味を調える。七味唐辛子をふる。

「鉄器は扱いが難しい」「錆びませんか？」など、いろいろな声をいただきますが、購入した時にお店の方からきっちりとレクチャーを受け、「あれ？」と思ったら、お店に電話を入れて聞く。当時は写真を送ってすぐ見てもらう、などということはできませんでしたから、電話をかけては「サビのようなものが出てきてしまったのですが…」と、子どもの成長を相談するかのようにお聞きしていました。

鉄器は、最初の1か月が大事。湯を沸かし、必ず水分を完全に飛ばしてから寝る。これを毎日必ず。そうすると、鉄器の内側に湯垢ができて、錆びないようになります。もしも一度でも錆びてしまったら、また最初からやり直し。でも、こうして1か月丁寧にお手入れするだけで、十数年まったく錆びることなく、毎日元気に働いてくれています。

やかんは戸棚の中などにしまうことなく、常にガス台の上に置いてあって目に入るものなので、台所の中でも割と存在が大きいものです。南部鉄器の鉄瓶の姿は、台所の雰囲気をきゅっと締めてくれるまさに「主」、大黒柱的な存在です。

釜定（かまさだ）「鉄瓶 秋の実あられ」最大外径16×高さ22cm（取っ手を含む）、容量1.4ℓ、3万8000円

YOGURTiA
TANICA

ヨーグルトメーカー

ヨーグルトメーカーは、数年前にものすごくはやりました。どこもかしこも、ヨーグルトメーカーの話ばかり。甘酒ブームがあったからでしょうか？　当時、仕事現場はヨーグルトメーカーの話で持ちきり。今考えると、なんでそんなにヨーグルトメーカーの話ばかりしていたのか、少し笑ってしまうのですが、スタイリストさんもカメラマンさんもライターさんも、みんなこぞって購入していましたし、私もたくさんの人にすすめていました(笑)。甘酒とか、発酵とか、私もブームにのって、このヨーグルトメーカーを購入しました。

もともと発酵食好きで、ザワークラウトや酸菜《スワンツァイ》（中国東北部で作られる発酵させた白菜の漬けもの）、しば漬け、みそなど、手作りできるものは作っていますが、甘酒は温度管理が難しかったり、お鍋で作ると大量にできてしまったりして、なかなか思い通りに作ることができずにいました。あまり大量に作りすぎると、保存する場所もいりますし、だんだん発酵が進んで飲みにくくなったりで、無駄にしてしまうことも多々ありました。

このヨーグルトメーカーは、麹と水を入れて60℃、8時間にセットしたら、あっというまに甘酒のでき上がり。作れる分量も、毎日おちょこ一杯分ずつ飲んで2週間分くらいで、ちょうどよいのです。

おかゆを炊いてから作る甘酒もありますが、私は麹と水のみで作ります。麹と水だけのほうが、おかゆを入れるよりも甘くできるのですが、そのぶん飲む量は少なくてすみ、飲む点滴ともいわれる甘酒を毎日少量ずつ飲んでいます。子どもは甘すぎると言ってそのままでは飲まないので、お水で割ったり、ヨーグルトと混ぜたりして飲んでいます。

夏には、友人に作り方を教えてもらった甘酒アイスも。お砂糖を使用せず、甘みは甘酒からなので、体が冷えすぎずにとても健康的なアイス。この夏は、甘酒アイスばかりを作っていました。

2週間に1度のタイミングで甘酒を作るのですが、ほかにもしょうゆ麹や塩麹、もちろんヨーグルトも作ります。納豆も作れるそうですが、まだそれはチャレンジできていないのですが…。

ちなみに、麹は岡山の「まるみ麹本店」さんのものを。元気な体は腸からといいますが、発酵食のおかげで元気でいられている気もします。わが家の健康を保ってくれているヨーグルトメーカーです。

甘酒アイス

材料（2〜3人分）

A
- 甘酒……1カップ
- 水……1/2カップ
- 塩……ひとつまみ

シナモンパウダー……少々

①ボウルにAを入れてよく混ぜ、バットなどの容器に移し、冷凍室で1時間冷やし固める。

②フォークで全体によく混ぜて空気を入れ、平らにならし、さらに1時間冷やし固め、フォークで同様に混ぜる。2時間冷やし固め、器に盛ってシナモンをふる。

＊甘酒の作り方（約2カップ分）
消毒した付属の容器に米麹100g、水220mℓを入れ、「ヨーグルティア」に入れて60℃で8時間保温する。ハンドミキサーで攪拌し、なめらかにする。

タニカ電器「ヨーグルティア」最大外径16.2×高さ19.2㎝、容量1.2ℓ、重さ750g。現在は、後継モデルの「ヨーグルティアS」（1万円）を販売

匠味米
玄米
白米
胚芽
フレッシュ
スタート
ストップ
RC 52
MICHIBA
KITCHEN PRODUCT

BIALETTI

精米機

この精米機を知ったのは、約10年前。私のまわりの仕事仲間には物知りな方がたくさんいて、仕事の時にいろいろなことを話すと、よいアイデアが集まってきます。この精米機も「小さい精米機が欲しくて」と話をしたところ、「あるよー」と解決の窓口が開き、わが家にやってきました。

わが家では、2日分を一度に精米します。約4〜5合分です。基本は7分づきに。でも、ふわふわの白米が大好きな息子には、時々白米を。わが家で漬けているぬか漬けも、この精米機からとれるぬかを使用しているので無駄がなく、日々おいしいごはんのために働いてくれています。

先日、この精米機を実家にもプレゼントしました。実家でもぬか漬けを漬けているので、と思って贈ったのですが、この精米機の「フレッシュ」という、古くなった白米を精米したてに近い状態に戻す機能をいちばん使っているとのこと。夫婦ふたりの生活になり、お米もあまり減らなくなって、お米が少し日が経ってしまうこともしばしば。お米の表皮を削ってくれるこの機能のおかげで、ごはんがとてもおいしく炊けるとのことでした。

日本のお米は本当においしく、自分で精米するおいしさを知るとやめられなくなりますが、この大きさなら場所もとらず、日々使うのも苦ではないかなと思います。ちなみに私はキッチン後ろの扉の中にしまっています。

コンパクトながら、ブイーンとものの数分で精米が完了。カレーの時は、6分づきがわが家流。

山本電気「家庭用精米機[匠味米]RC52」20×27.4×高さ23.8㎝、容量5合、重さ3.1㎏

BIALETTI《ビアレッティ》のモカエキスプレス

イタリア・BIALETTI社の直火用のエスプレッソメーカーです。イタリアでは至るところで見かけるもののようですが、私の場合は、大学時代に自宅にあったのを覚えています。

私の大学時代といえば、カフェラテ、カプチーノブームだったのかもしれません。当時は東急ハンズにしか売っておらず、本体もパッキンなどの消耗品も、わざわざ買いに行っていた記憶があります。

実はこのモカエキスプレス、わが家では5〜6代目です。毎日1〜2回は使うので、年に500回以上は使用していることになります。ですので、消耗も早く、ゴムパッキンをかえただけではもたない状態が続いています。ただ、最初は2人分の小さいサイズ、今では6人用と、大きいサイズに買い替えたのも、代替えのきっかけになっています。

いつもはミルクや豆乳を加えて飲むことが多いのですが、短時間で圧力をかけて抽出するので、コーヒーのうまみが凝縮された濃厚な味わい。イタリアでは、このモカエキスプレスで作るコーヒーは「モカコーヒー」と呼んで、エスプレッソとは別物で、家庭の味のようです。私もこれでいれたコーヒーが、いちばん好み。昔から長く飲み続けているので、私にとっても〝家庭の味〟になりつつあるのかもしれません。

BIALETTI（ビアレッティ）「モカエキスプレス6cup用」10.5×18.5（ハンドルを含む）×高さ21㎝、5300円

佃《つくだ》さんのお椀

佃さんの漆の器はどっしりとした男らしさ、やわらかさがあり、器を両手で包み込むたびに鋭さと温かさが伝わってくる、不思議なお椀です。繊細な漆の器とは異なって、日々使い慣らしていく、まさに育てて自分のお椀になっていく、そんなお椀なのです。わが家では、毎日のおみそ汁に使用しています。お椀に存在感があるので、それに負けないくらいの具だくさんの汁ものを作ります。時には、具たっぷりの炊き込みごはんも。漆の照りと汁ものや炊き込みごはんからの湯気は、食欲をそそるすばらしい相性だと思います。このお椀で食べる汁ものとごはん、ぬか漬けが、私の最高の朝ごはんです。

京都の木工作家・佃 眞吾（つくだ しんご）さん作「黒漆椀」、直径12×高さ8cm

豆皿いろいろ

作家さんのものと限らず、骨董市で購入したもの、ベトナム、ラオス、タイで購入してきたものなど、豆皿は少しずつ集めてきました。以前、おばんざい料理のお店で、お膳に色とりどりの9つの豆皿をのせ、おばんざいを少しずつ入れて出してくださり、なんてすてきなのだろう！と感動して、豆皿への興味が増したように思います。お漬けものや副菜のほか、お茶菓子の干菓子や水菓子、薬味をのせたりと、いろいろな使い方があるのですが、お皿の形や絵柄が違うとのせたものが各々違う顔に見えて、上品に見えたり、愛嬌があるように見えたり。いろいろな表情に変化するのがおもしろいのです。

直径3～11cmまで、サイズもいろいろ。器屋さん、骨董市、海外などで購入したもの

シルバーのカトラリー

シルバーのカトラリーは、結婚当初、母親から結婚祝いとして2人分を贈ってもらったのが最初です。実家ではクリスマスやお正月、お客様がいらした時などに使用するものだったので、かしこまった時に出てくる存在だったのですが、子どもの頃から「重厚感があって、とても格好いいなぁ」と、特別な感じがありました。当時はシルバーというのはよくわかっておらず、〝お客様用のフォークとスプーン〟と言っていたのですが…。シルバーのカトラリーを自分でも使用するようになってからは、旅先やアンティークショップなどで、状態のよいものを少しずつ購入するのが楽しみになっています。

新しいものは、フランスの老舗シルバーウエアブランド・Christofle（クリストフル）のもの。古いものはアンティーク。海外や日本のアンティークショップで買い集めたもの

ワイングラス

父と兄は酒豪。母は下戸。私はちょうど中間で、顔が真っ赤になるのですが、ダラダラと飲めるタイプです。平日はゆっくりとグラスを片手に、という時間はとれないので、ちょうどよい大きさのアンティークのグラス（写真右）で1杯ほど。アンティークですが、厚みがあるのでカジュアル。割りそう！という心配がなく、気軽に使えます。一方、左のスロバキアのグラスは、とても繊細。口にあたる感じが上品で、高価ではないデイリーワインでもおいしく感じ、するする飲めてしまいます。ワインはグラスで味が変わるので、特に来客の際にはその部分だけは気にして、グラスを選んだりしています。

（右）アンティークのワイングラス、直径6×高さ14.5cm。日本のアンティークショップで購入
（左）RONA（ロナ）「モンツァ 8oz ワイン」口径6.6×高さ18.6cm、1100円

おいしいを作るもの

STAUB《ストウブ》の片手鍋

STAUBを使用するようになったのは、約10年前。「なんと画期的な鍋なのだろう！」と、当時も今も感動し続けています。何でもおいしく作れるSTAUBの鍋は、たちまち料理の腕が上達する、すぐれもののお鍋なのです。

わが家では直径22㎝の丸鍋、オーバルの23㎝、クリスマスやキャンプの時だけ登場するオーバルの41㎝（！）など、STAUBを数多く利用していますが、日々活躍しているのが、この直径14㎝の片手鍋です。

朝食時に野菜の蒸し煮を作ったり、野菜の具だくさんスープやポタージュを作ったり、夕食時に副菜を作ったり。ふたをして火にかけるだけで、素材のうまみをぎゅっととじ込めて、シンプルな料理もとびきりおいしくしてくれます。鍋まかせで作れるそんな料理は、忙しい日々にはとてもありがたいのです。

朝食にポタージュを作る時など、深さがあるのでそのままハンドブレンダーが使用できるのも、使いやすさのポイント。そして、片手鍋のところも気に入っています。鋳物の鍋はとても重いので、大きいものは両手でしっかりと持ち上げますが、このSTAUBは直径14㎝と小さいので、ひょいっと片手で持ち上げることが可能。これも、気軽に鋳物の鍋を使えるようになる秘訣だと思います。

実はこの鍋は、ハワイの「ウィリアムズ・ソノマ」で6年ほど前に見つけて購入し、トランクに詰めて持って帰ってきました。ウィリアムズ・ソノマはかつて東京・渋谷の東急本店にあって、大学生の頃大好きで足繁く通っていたのですが、残念ながら日本から撤退してしまい、ハワイに行くと必ず寄る、台所道具を探すにはぴったりのお店です。

ウィリアムズ・ソノマに行くと、いつも大小かかわらず台所道具を買うので、一緒に行く家族には「なんでそんな重いものを買うの？」「なんでそんな大きいものを買うの？」「どうやって持って帰るの？」と呆れられています。ウィリアムズ・ソノマでは時間がかかるとわかっているので、家族はつきあってくれないのですが、本格的な台所道具から子ども向けのかわいらしいものも売っているので、くまなく見て回ってついつい長居して、買いすぎてしまうのです。

旅先で買う魅力もあるのですが、台所道具も一期一会。台所事情を考えながらも、旅先で出会った道具は、旅の思い出とともに私の台所のよい仲間になってくれています。

STAUB（ストウブ）「XOスープポット」直径14（底径10）×高さ16.1cm（ふた除外時11.5cm）、最大長さ21.2cm、容量1.2ℓ、2万円

ビーツのスープ

材料（2〜3人分）

ビーツ……小1個（300g）

A
- 玉ねぎ……1/2個
- セロリ……1/2本

B
- 白ワイン……大さじ2
- 水……1と3/4カップ

牛乳（成分無調整豆乳でも）……3/4カップ

塩……小さじ2/3

こしょう……少々

オリーブ油……小さじ2

①ビーツは皮をむき、3cm角に切る。玉ねぎは粗みじんに、セロリも筋をとって粗みじんに切る。

②鍋にオリーブ油を熱し、Aを中火で透き通るまで炒め、ビーツを加えてさっと炒める。Bを加えてひと煮立ちさせ、アクをとり、ふたをして弱火で20分煮る。

③牛乳を加えて温め、粗熱がとれたらミキサーにかけ、弱火で温めて塩、こしょうをふる。器に盛り、オリーブ油（分量外）を回しかける。

止
止

turk《ターク》の鉄フライパン

turkのフライパンは、とても男らしい台所道具だと思います。自分でもオレは格好いいと思っていて、決してその期待を裏切らない、犬でいったらドーベルマン的な存在。いつでも格好いいのが、turkだと思うのです。

turkとの出会いは、20代半ば。言わずと知れた「ザ・コンランショップ」。当時も今もコンランショップといえば、キッチン雑貨の最先端。コンランショップで何かを買う自分に酔っていたり、買うものがなくても、とにかくひと回りしたり。「コンランショップにあるもので台所を埋め尽くしたい！」と思うほど、憧れのショップでした。すてきなものがたくさんある中で、turkの強さ、すっとした形、他の台所道具を見下ろしているようなプライド感が、お店の中でもひときわ目立っていたことを覚えています。

コンランショップに行くたびに欲しいなと思っていたturkのフライパンですが、私の定番のフライパンになったのは、7〜8年前くらいから。新しい料理道具を取り入れる大きな動機のひとつが、「おいしい料理を作りたい」ということ。おいしいごはんが炊きたいから、土鍋を買う。煮込みをおいしく作りたいから、鋳物の鍋を買うなど、おいしいものを食べたい、そのために道具が欲しいという貪欲さは、誰にでもあるものだと思います。

turkで何を作りたかったのかというと、ハンバーグとチキンソテー。ス

チキングリル

材料（2人分）

鶏もも肉……大1枚（300g）
にんにく（つぶす）……1かけ
タイム（生）……10〜15本
小麦粉……大さじ1
A「白ワイン……大さじ3
　塩……小さじ1/3
オリーブ油……小さじ2
粗塩、粗びき黒こしょう……各少々

①鶏肉は皮目に小麦粉をはたく。
②フライパンにオリーブ油、にんにくを入れて中火にかけ、香りが立ったら①を皮目から入れ、タイムをのせてトングで押しながら焼きつける。
③皮がパリッと焼けたら裏返し、Aをふって弱火で8分焼く。器に盛り、粗塩、黒こしょうをふる。

テンレスのフライパンなどでは、どうしてもジューシーにできず、ダメだなと思っていた時期がありました。ハンバーグもチキンソテーも、表面がカリカリ、中からじゅわっと肉汁が出るのにはほど遠く、家庭料理の定番なのに、どんなにレシピを変えても思い通りの味になりませんでした。

ハンバーグに関しては、ハンバーグ専門店で覗き見した作り方、必ず表面を焼いてから、フライパンごとオーブンに。チキンソテーはステーキ屋さんで見た、鉄のフライパンで皮目をこんがり焼いたら裏返し、重石をしてぎゅっと焼く。そのおいしさの秘密を見つけ、「やはりこの作り方なのだ！」と思い、すぐさまコンランショップへ買いに行きました。

私が使用しているturkのフライパンは、直径20cmと18cm。小さめです。大きなサイズも考えたのですが、女性がひとりで無理せずに持てるサイズ、あまり大きいと重くて持てないかもしれないと、この大きさを選びました。

直径20cmで、ハンバーグを3つ。シンプルな配合で、表面を焼いてからオーブンへ。チキンソテーは、直径20cmで大きめのチキンを1枚。フライパンごと食卓に出して、焼きたてのジューシーさを味わっています。ちなみに直径18cmは、パンケーキと朝食のオムレツ用です。おいしさの秘密は台所道具にあり！と、プライド高く教えてくれるturkのフライパンです。

turk（ターク）「クラシックフライパン 2号」直径20×長さ37cm、1万6000円

照
宝
24
フタ

照宝《しょうほう》の蒸籠《せいろ》

大学生の頃、横浜の元町や桜木町がおしゃれな街として人気があり、私も友達と何度も出かけては、みなとみらいにある日本丸の前のベンチでずっとおしゃべりをしていた…そんな時間がたくさんあった大学時代でした。ただ、おしゃれなカフェに行って、というすてきな女子大生ではなく、当時、友達がアルバイトをしていた元町のインドカレー屋さんにカレーを食べに行って、ウチキパン、ユニオン、チャイハネに寄り、肉まんを頬ばりながら中華街へ…という、なんとも食いしん坊万歳な女子大生でした。

当時から食い意地が張っていたのは間違いないのですが、中華街でいろいろな食材や道具を見るのも大好きで、その頃は照宝の存在はわかっていませんでしたが、今でも餃子を包む時に使用している餃子のヘラを購入したのが照宝でした。

蒸籠で蒸したてのふわふわの中華まんなどを頬ばりながら、中華街を歩き回っていたわけですが、蒸籠というのはどういうわけか憧れの存在というか、当時から「プロっぽいなぁ」と感じていたように思います。料理の仕事をするようになり、真っ先に駆け込んで購入したのが、照宝の蒸籠。ドキドキ、ワクワクしながら購入しました。

素材のおいしさを引き出す調理法はたくさんありますが、蒸籠を使うと、

かさごの紹興酒蒸し

材料（2〜3人分）
かさごなどの白身魚……1尾（450g）
長ねぎ……1本
長ねぎの青い部分……2本分
しょうがの薄切り（皮つき）……1かけ分
A［紹興酒……大さじ3
　ごま油……大さじ1
B［黒酢、しょうゆ……各大さじ1
白いりごま……適量

①かさごはうろこと内臓をとり、よく洗って水けをふき、塩小さじ1（分量外）をふって10分おき、水けをふく。身の両面に斜めに3本ずつ切り込みを入れる。
②長ねぎは斜め薄切りにし、水に5分さらして水けをきる。
③せいろにオーブンシートを敷き、①、しょうが、長ねぎの青い部分をのせてAをふり、蒸気の上がった鍋にのせて強火で12〜15分蒸す。
④長ねぎを除いて器に盛り、②をのせ、混ぜたBをかけて白ごまをふる。

蒸しただけなのにものすごくおいしい。蒸気で蒸すと野菜は甘く、肉や魚はしっとりふっくら、ごはんもふわふわになります。献立に悩んだ時は、とりあえず蒸す！　蒸して塩とオイルさえあれば、とてもおいしい料理になるので、私は「困った時はとりあえず蒸す」ことにしています。

料理の仕事でよく、「ラクな料理、忙しくても簡単にできる料理を教えてください」と相談されるのですが、蒸籠蒸しこそラクで、簡単で、すぐにできる料理だと思うのです。蒸籠はなぜか、手入れが大変などのイメージがあり、購入するのをためらう方もいるようですが、忙しくて献立に悩んでいるという人には、私はまず蒸籠をおすすめします。

蒸籠は、野菜などを蒸したあとは洗わなくてもOK。蒸気で既に殺菌されているということなのだそう。私は、魚などを蒸した際はさっと洗い、水けをふいて、天日に干してしっかり乾かしてから保管しています。

蒸籠にもいろんな素材や大きさがあるので、お店の方に用途を相談して、自分の生活に合ったものを選ぶと、日々活躍する道具になると思います。ちなみに、私は直径24cmのものを長年使っていましたが、この夏、直径30cmのものも購入しました。どんどん育っていくのが楽しみです。


照宝（しょうほう）「桧（ひのき）せいろ 身」「桧（ひのき）せいろ 蓋」ともに直径24×高さ7.5cm、5400円

KELOmat

KELOmat《ケロマット》のホットサンドメーカー

最近うちに仲間入りしたいちばんの新参者の台所道具は、このKELOmatのホットサンドメーカー。スタイリストさんに教えていただき、その無骨な形と、焼いた時につくしましま模様がなんとも美しくおいしそうなので、即購入しました。

これはオーストリア製のホットサンドメーカーですが、家電製品や機械ものはヨーロッパ、特にオーストリアのお隣のドイツ製のものに、つい惹かれてしまうくせがあります(ミーハーなのでしょうか…)。ドイツは車のイメージが強いためか、またバウハウス(20世紀初頭にドイツに創設されたモダンデザインの基礎を築いた造形学校と、そこから生まれた優れたデザインと機能性)の影響もあるのか、「シンプルで鋭くて格好いいもの、格好いいデザイン＝ドイツ」といった、私の勝手なイメージがあるのです。

外国製品は外国人向けに作られているものなので、大きい、重い、少しの不便ありということは当たり前なのですが、ドイツの家電は永遠の憧れでもあり、私の中では紳士的な存在です。洗濯機、冷蔵庫、掃除機も、無駄がなくすっきりと四角い形のものが多く、つっこみどころのないスマートな印象があります。

このホットサンドメーカーも、とてもシンプルな潔い構造。柄にストッ

グリル野菜のホットサンド

材料（2人分）

食パン（6枚切り）……2枚
なす……2本
ブラウンマッシュルーム……3個
マスカルポーネチーズ……大さじ4
オリーブ油、塩、レモン、粗びき黒こしょう……各適量

①なすは縦7～8㎜幅に切り、マッシュルームは薄切りにする。
②フライパンにオリーブ油大さじ2（分量外）を熱し、なすの両面を焼き目がつくまで焼き、塩小さじ1/3（分量外）をふる。
③ホットサンドメーカーに食パンを1枚のせ、オリーブ油を回しかけてチーズの半量を塗り、②の半量、マッシュルーム、塩少々、残りの②の順にのせる。オリーブ油を回しかけて残りのチーズを塗った食パンでサンドし、両面をこんがり焼く。
④半分に切って器に盛り、レモンを絞り、黒こしょう、オリーブ油を回しかける。

パーなどは特についていないのですが、本体にしっかりと重みがあるので、パンの間にたくさんの具材をはさんでも、きれいなホットサンドになります。パンと具材をはさんだら直火にかけ、強火で上下を返して焼くだけででき上がりです。

　わが家では、週に2～3回は朝食にホットサンドを作ります。冷蔵庫にある野菜やチーズ、ハムやソーセージなど、何でもはさんでサンドイッチにしてしまいます。チーズを入れると、パンと具材が一体化して、とてもおいしくなります。簡単なのに野菜もたっぷりとれるので、一石二鳥。忙しい朝には重宝しています。

　時には、フルーツをはさんだりもしています。いちばんのお気に入りは、洋なしとフレッシュチーズ（特にマスカルポーネ）。ラム酒などの洋酒をたらすと、あっという間にパンはカリカリ、中身はフレッシュな大人のおやつが完成します。

　ちなみにこのホットサンドメーカーは、2枚を別々にして片面使いもでき、グリルパンのようにも使えるので、お肉もとてもおいしく焼けますよ。

KELOmat（ケロマット）「クイック グリル ブランク」20×15×高さ3.5㎝（ハンドル21㎝）。
現在は日本では取り扱いなし

照宝《しょうほう》の中華鍋

白木屋傳兵衛《しろきやでんべえ》商店のシュロたわし
中華鍋洗いにはこれ。フッ素樹脂加工のフライパンなどにも使える。江戸箒(ほうき)老舗白木屋傳兵衛「シュロ キリワラ」長さ約15㎝、1000円

子どもの頃、父親がよく作ってくれた料理に、カレーと炒飯《チャーハン》があります。カレーは小麦粉にスパイスやカレー粉を混ぜて作るもので、今思えばいわゆる男の人の料理っぽいカレーで、ビーフのかたまりが入っていました。スパイスを自分で調合したり、お肉がビーフだったりで、父親としては大満足のカレーだったようなのですが、子どもの頃の私にとっては「何、このカレー!?」。「おいしいだろ? おいしいだろ?」と言われても、ちっともそうは思わない、かなり大人味のカレーでした。子どもの頃は(父親には未だに内緒ですが)、兄とふたりで「恐怖のカレー」と呼んでいました。カレーについては恐怖の思い出なのですが、父が作る炒飯はとてもとてもおいしく、大好物でした。

実家にも中華鍋があったのですが、使用していたのはもっぱら父。最近聞いた話では、購入したのは父だったとのこと。その炒飯は、ラードで炒めた卵、焼き豚、長ねぎだけが入ったシンプルなもの。ラードを使用するのは昭和っぽいし、男っぽい感じがしますよね。でも、お店で食べるのと同じ味がして、父の炒飯はかなりのできばえでした。

私が中華鍋を使うようになって、実はまだ3~4年目です。それまでは欲しいなあと思いながらも、収納に困るかな、そんなに出番がないかな、

などいろいろ思いとどまるところがあり、購入には至っていませんでした。

でも、近所の中華屋さんに行くたびに、あのシャキッとしたもやし炒めやパラッとした炒飯は、中華鍋ならではかもしれない、と感じていました。

もともと、中華街にある中華料理道具店の「照宝」が好きで、近くに行くたびに寄っては品定めをしていたのですが、とうとうわが家の鍋として中華鍋が仲間入りしました。最近では台所道具を買う時はじっくり考えてから買うようにしているので、あまり新しいものは増えていないのですが、久々の大物の購入にワクワクしました。

中華鍋は鉄製で錆びやすいので、使ったらたわしできれいに洗って、すぐに空焚《だ》きをします。使うたびに油がしみ込み、最近になってようやく料理となじんでくるようになりました。

何よりおいしくなったのは、野菜の炒めものと炒飯！ シャキッとした歯ざわりの野菜炒めと、パラッとした食感の炒飯。水が出ないうちに手早く仕上げるには、あまりヘラを使用せずに、お鍋を持ってあおる。これは、中華鍋だからこそできる技のような気がしています。

お鍋やフライパンには、それぞれ特徴がありますが、中華鍋は手早く強火で、水分出さず。今は中華鍋の虜《とりこ》になっています。

照宝（しょうほう）「照宝名入プレス中華北京鍋」直径27cm（柄15cm）、2500円

桜えびと長ねぎの炒飯《チャーハン》

材料（2〜3人分）

桜えび……大さじ3
長ねぎのみじん切り……1/2本分
ごはん……茶碗3杯分
A 塩……小さじ1/3
　こしょう……少々
　しょうゆ、青のり……各小さじ2
ごま油……大さじ1
削り節……適量

①中華鍋にごま油を熱し、桜えび、長ねぎを強火でしんなりするまで炒める。
②ごはんを加えてヘラで混ぜながらパラパラになるまで炒め、Aで味を調える。
③器に盛り、削り節をふる。

照宝《しょうほう》の素焼きの一人鍋

豚ひきときのこの煮込み春雨

独身時代から長く使っている台所道具のひとつが、この素焼きの1人用のお鍋。もう20年以上使用しているということになります。それほど頑丈にできているようでも高価でもなく、とても素朴なものなのですが、ひび割れたりすることもなく、今でもしっかり現役で、おいしい料理を作るのにわが家では欠かせない鍋です。

このお鍋は都内の雑貨屋さんで買ったのですが、香港で食べた担々麺がこのお鍋に入って出てきたのを覚えていて、雑貨屋さんでこれを見つけた時には、即決して購入した記憶があります。

一人暮らしの時は、煮込みラーメンやにゅうめん、ぞうすいなど、一人暮らしらしいメニューをこの鍋でたくさん作り、今では子どもの好きな麻婆豆腐や煮込み料理、夫の夜食などなど、家族みんなのための料理を作る鍋になりました。

私の場合は香港での出会いでしたが、中華圏の国々へ旅をすると、どの飲食店でも必ずこのお鍋が使用されているのがわかります。現地でも高価なお鍋ではないのですが、その使い勝手のよさで、たくさんの料理人に愛されている鍋だと思うのです。

煮込みや鍋、ラーメンなど温かく食べたいものは、すべてこのお鍋で調理して、そのままテーブルへ。お鍋の中でぐつぐつ煮立っている様子は、なんとも言えないくらいおいしそうなのです。

旅先で出会う台所道具というのは魅力的で、その国ならではの昔ながらの台所道具には、ついつい目を奪われてしまいます。いろいろな国を見てみると、家庭で昔から使われているものは使い勝手がよく、誰もが買えるように安価なものも多く、その国の味を今の時代に伝え、食べ続けるためにその台所道具があるように思います。このお鍋も、そんな道具のひとつなのかなぁと思っています。

わが家では麻婆豆腐が子どもの好物なため、この鍋で作り、食卓へ出すのが決まり。一人鍋とはいっても2〜3人分の量がたっぷり入るので、ここから各々のお皿に取り分けたり、銘々でごはんにのせて食べたり。調理したての熱々の料理をすぐに食べることができるのは、何よりのごちそうだと思います。

寒い時期に使用することが多いこの鍋ですが、同じ料理でもこれを使って作ると、なぜか2倍も3倍もおいしそうに見えて、おいしく感じるから不思議ですよね。

照宝（しょうほう）「中国砂鍋（サーコー）」直径19×高さ8㎝（ふた込み高さ11㎝、取っ手5.5㎝）、3704円

材料（2〜3人分）

- **A**［豚ひき肉……150g／豆板醤……小さじ1/2］
- エリンギ……2本
- しめじ……1パック（100g）
- 長ねぎ……1/3本
- 春雨（乾燥）……60g
- 酒……1/4カップ
- **B**［オイスターソース、黒酢……各大さじ2／しょうゆ……小さじ1］
- ごま油……小さじ2
- 九条ねぎ、白いりごま……各適量

①春雨はぬるま湯につけて戻し、食べやすく切る。エリンギは縦横ともに半分に切って5㎜幅に、しめじはほぐし、長ねぎは斜め薄切りにする。

②鍋にごま油を熱し、**A**を中火で炒め、肉の色が変わったら①を加え、しんなりするまで炒める。

③酒、水1カップを加え、アクをとりながらひと煮立ちさせ、**B**を加えて再びひと煮立ちさせて火を止める。小口切りの九条ねぎ（またはわけぎ）、白ごまをふる。

点火

ポルトガルのパン焼き器

パンは網で焼く派か、トースターで焼く派かと聞かれたら、「網で焼く派」と答えます。網で焼くとすぐに焼き目がつくので、表面はパリッと、中はふわふわという、理想的なトーストの食感になるからです。

ところが、昨年遊びに行った友人の家に画期的なトースターがあり、蒸気で蒸し焼きにしながら焼くとあって、まさに外はパリパリで中はふわふわ！　目からうろこのすばらしいトースターでした。

本当に〝購入するまであと１㎝〟というところまで来て、悩みに悩んだ挙げ句、結局購入するには至らなかったのですが、網で焼くのと同様に、とてもおいしく焼けるトースターでした。

なぜ購入しなかったのか、それは置き場所。どうしてもわが家のキッチンに置き場所を生み出すことができなかったのです。そして何より、網で焼くという作業自体が好きなので、しばらくはまたこのまま朝のパン焼きを楽しみたいと思っています。

このポルトガルのパン焼き器は、一見おもちゃのよう。あまりにもシンプルな構造なのですが、とてもおいしく焼ける直火のパン焼き器です。知り合いの方から「おもしろいものがあるよ。使ってみて！」と、いただいたのが出会いのきっかけです。

厚切りトーストとスモークサーモンサラダ

材料（2人分）
食パン（4枚切り）……2枚
スモークサーモン……8枚
セロリ……1/2本
セロリの葉……4枚
ディル（生）……2枚
塩……小さじ1/3
レモン汁、オリーブ油……各大さじ1
レモンの皮のすりおろし……少々

①セロリは筋をとって斜め薄切り、葉は細切りにし、ボウルに入れて塩をふってもみ、水けを絞る。
②①に食べやすく切ったスモークサーモン、ちぎったディル、レモン汁を加えて混ぜ、オリーブ油を加えてさっとあえる。
③器に焼いた食パンを盛り、②をのせ、ディル（分量外）を添え、レモンの皮を散らす。

家に持ち帰ったその日からこの無骨な感じが、まるでずいぶん前から家にあったかのように台所にしっくりとなじんで、日々の台所道具として活躍してくれています。使用してみるまでは、どんなふうに焼けるのか想像ができなかったのですが、直火にかけて使うので、パンの表面がパリッと焼けてサクサクな仕上がり。取っ手が熱くなるのだけ気をつければ、とても単純な作りなのに不便なところがひとつもない、不思議な台所道具です。

ポルトガルで日常的に使われているのか、ポピュラーなものなのか、まだ実際に自分の目では確かめていないのですが…。また、使い方をポルトガルの方に教わったわけではないので、本当は違う使い方だったりするのかもしれません（笑）。でも姿もかわいらしく、薄くて軽いので、私は日常使いのほかに、キャンプなどにも持っていって使用しています。

日本でも手頃な値段で、ネットショップなどで手に入りやすいものなので、ぜひ試してみてください。そして、近いうちにポルトガルに行って、家庭で使用されているか見てきますね！

Guimaraes & Rosa（ギマランイス・イ・ホーザ）「ポルトガル伝統パン焼きトースター」
直径18.8×厚さ1.5㎝（全長32.3㎝）、920円。
＊熱温度センサーつきのガスコンロ、自動消火装置つきのガスコンロでは、温度センサーや消火装置が働いて消火するので使用できません

KING《キング》の無水鍋®

スパイシーチキンカレー

材料（4人分）
鶏骨つき肉（ぶつ切り）……400g
A［にんにく、しょうがのすりおろし……各1かけ分
カレー粉……大さじ2
塩……小さじ2/3

子どもの頃、台所のガス台の上に無水鍋があったら、「きょうの夕食はカレーライスだ！」と思いました。その頃は、無水鍋という鍋の存在を特に理解していたわけではないのですが、無水鍋で作るカレーライスがうちの味でした。母から教わった味のひとつでもあります。

私が無水鍋を購入したのは、15〜16年前。結婚を機に、自分でも無水鍋を購入しました。まず最初に作ったのは、やはりカレー。野菜だけの水分で作るので、素材の味がぎゅっとしまっていて、びっくりするくらいおいしいカレーが作れます。そして今では、わが家の定番のカレーといえば、この無水鍋で作るカレーです。ほかにも無水鍋はごはんを炊いてもよし、青菜をゆでてもよし。万能な鍋なのです。

それから何年後かに無水鍋の本のお仕事をいただき、無水鍋で作る料理のおいしさをたくさんの方に伝えてきました。

私の中で無水鍋料理のベスト3は、カレー、青菜やとうもろこしをゆでる、かれいなどの魚の煮つけ。私の家に来た方のうち、無水鍋の料理の試食をしたほとんどの人が、「無水鍋いいなあ」「買おうかなあ」と、悩みながら帰っていきます。その際、「この3つは必ず作って！」と伝えるのです。この3つを作ってもらえると、無水鍋料理のおいしさが端的にわかる

B
玉ねぎ……1個
ピーマン（赤・黄）……各2個
いんげん……8本

C
トマト……大3個
白ワイン……3/4カップ
ローリエ……1枚

D
ウスターソース……大さじ2
クミン、コリアンダー（パウダー）、塩……各小さじ1

オリーブ油……大さじ1
粗びき黒こしょう、ごはん、らっきょう……各適量

①鶏肉は**A**をもみ込む。玉ねぎは3cm角、ピーマンは乱切り、いんげんは長さを3等分に切り、トマトはざく切りにする。
②鍋にオリーブ油を熱し、**B**を中火で炒め、玉ねぎが透き通ったら鶏肉を加えて焼き目をつける。
③**C**を加えてひと煮立ちさせ、アクをとり、ふたをして弱火で40分煮る。**D**を加えて10分煮、黒こしょうをふり、ごはんとともに器に盛り、らっきょうを添える。

と思うのです。

　無水鍋がわが家の日々使いの鍋だという理由は、おいしく作れる以外にも、その形やツヤ消しのアルミの感じが格好よく、とても男らしいお鍋だからです。私はよく、結婚祝いなどに無水鍋を贈ったりするのですが、意外にも旦那さまが気に入ってこれで料理したり、キャンプなどのアウトドアでも活躍させてくれているようです。男性が使ってもとてもさまになる、そんな鍋なのです。

　そういえば以前、海外のお友達にお土産として渡した時にも、アメリカ人の旦那さまがとても喜んでくれました。無水鍋の持つそんなシンプルな格好よさも、大きな魅力のひとつだと思います。

　無水鍋は発売65年を迎えたそうですが、今も昔もどっしりと構えていて、それでいて持つ繊細さが、人気の秘密なのかなぁと思います。金だわしでガシガシ洗える手軽さと、アルミなのでそれほど重たくない。もしかしたら歳を重ねても最後まで使えるお鍋は無水鍋なのかなと、ふと思いながら、今日も無水鍋で青菜をゆでるのです。


KING（キング）「無水鍋®20」内径20×本体高さ8.5、ふたの高さ3.8cm（最大幅27.4cm）、容量2.4ℓ、重さ本体950g、ふた640g、1万5800円

無印良品のステンレスバット

仕事柄、バットはなくてはならない必需品です。たくさん数を使うので、大きさや丈夫さなどを十分に検討して購入しています。

私がここ数年気に入って使用しているのは、無印良品のステンレス製のもの。今まで素材違いや業務用のものなど、いろいろな種類のものを使ってきたのですが、いちばんシンプルなものがいちばん使いやすいと、このバットに行き着きました。

バットはどの商品もそれほど差がないような気もしますが、料理の仕事の中で、下ごしらえの際などになくてはならない存在のバットは、まず手頃な値段であること。そして買い替えが必要になったり、数を増やしたい時には、すぐに買いに行けること。「いつでもそこにある存在」であるということは、私の中ではとても重要です。

少し話はそれますが、調味料についても同じ考えです。料理は、調味料によって味がぐんと変わります。丁寧に作られたしょうゆ、酒、みりんなどを使うだけで、とてもおいしくなるものです。でも、わざわざ遠くから取り寄せなくてはならないものではなく、近所でいつでも買えるものの中からおいしいもの、自分の口に合うものを選ぶようにしています。「バットと調味料は、すぐに手にとれる場所に」。それが、料理に関する私のルールのような気がします。

　また、この無印良品のバットは、重ねられる網のトレーもあるのでとても便利です。おかげで揚げものの油きりはもちろん、野菜の水きり、魚に熱湯を回しかけて霜降りにするなど、多種多様の幅広い使い方ができます。枚数はかなりの数を持っていますが、サイズについては大(写真のもの)、小の2種類を使用しています。

　台所道具を探す時は、基本は業務用の道具から探すことが多いのですが、無印良品のものは今の時代に合った機能美が秀逸。現代の台所事情が反映されていてよくわかるので、まめにチェックすることにしています。

　たくさんあるメーカーの中で、自分にしっくりくる道具を選ぶのはなかなか難しいですが、選ぶ基本は、「壊れにくいか」「重ねられるか」「洗いやすいか」「買い足ししやすいか」。そんな基本となるポイントをきちんと備えている、丈夫でシンプルなものがよいなと思います。


無印良品「ステンレス バット・大」26.5×20.5×高さ4.5㎝、1380円。

「ステンレス メッシュトレー・大」27×20.5×高さ4.5㎝、1843円。

「ステンレス バット・小」21×17×高さ3㎝、917円。

「ステンレス メッシュトレー・小」21×17×高さ3㎝、1658円

ハーブポテト

材料(2〜3人分)
じゃがいも……小10個
タイム、オレガノ(生)……各3本
揚げ油……適量
塩、粗びき黒こしょう……各少々
A［ディジョンマスタード……大さじ2
　 ナンプラー、はちみつ……各大さじ1

①じゃがいもはよく洗って皮ごと縦半分〜4等分に切り、水にさっとさらして水けをふく。
②鍋に揚げ油、①、タイム、オレガノを入れて中火にかけ、菜箸で混ぜながらじゃがいもがやわらかくなるまで12分揚げる。
③器に盛って塩、黒こしょうをふり、混ぜたAを添える。

耐熱皿いろいろ

その昔、実家には私が小学生の頃から使用しているグラタン皿があり、それがとてもお気に入りでした。ソーサーがついた、直径15㎝ほどの大きさの茶色くて丸いグラタン皿だったのですが、これを使って母が寒い季節に作ってくれるドリアやオニオングラタンスープが大好きで、グラタンといえば必ず思い出す器です。

懐かしい味のグラタンといえば、私の中ではシーフードドリアです。母から聞いた話では、ホテルオークラで食べたシーフードグラタンがそれはそれはおいしくて、家でも作ろうと思ったのがきっかけなのだそう。あさりやえびのうまみが詰まったホワイトソースがごはんにからんで、私の思い出の母の味のひとつでもあります。

その思い出のグラタン皿は今でも実家にあり、たまに使用しているようなのですが、「お父さんとふたりでは、あまり作らなくなったわ〜」と、登場回数は激減しているよう。近いうちに私が引き取って、また使おうかなと考えています。

実家の味というのは、道具や器とからんで思い出の味になっていると感じることが多く、「ああ、あのお鍋でよく◯◯を作っていたよね」とか、「あの器の時は、いつもシチューだった」など、器を見れば料理を思い出

里いもとゴルゴンゾーラのグラタン

材料（26×18×高さ4.5㎝の耐熱皿1枚分）
里いも……10個（600g）
玉ねぎ……1個
ブラウンマッシュルーム……6個

A「ゴルゴンゾーラチーズ……80g
　エメンタールチーズ……80g
　アーモンド（ホール）……10粒
白ワイン……80㎖
小麦粉……大さじ3
B「生クリーム……1カップ
　塩……小さじ1/3
オリーブ油……小さじ2
粗びき黒こしょう……少々

①里いもはよく洗い、蒸気の上がった蒸し器の強火で12分蒸し、皮をむく。
②フライパンにオリーブ油を熱し、薄切りにした玉ねぎとマッシュルームを中火で透き通るまで炒める。
③①を軽くつぶしながら加え、白ワインを加えてひと煮立ちさせ、小麦粉を加えてなじむまで炒める。
④**B**を加えて煮立たせ、耐熱皿に移し入れ、**A**（ゴルゴンゾーラはちぎる）をのせる。220℃に温めたオーブンで12分焼き、黒こしょうをふる。

し、味を思い出すきっかけのひとつになっているような気がします。息子にも、そんな思い出のある大人になってもらえたらうれしいな、と秘かに思っています。

　グラタンの魅力といえば、オーブンから出したての熱々で、表面がまだグツグツとしている瞬間。そのまま食卓に出して、たいていの場合は家族みんなで取り分けて食べるので、うちにあるグラタン皿の多くはサイズの大きいものです。普段のごはんからおもてなしまで、グラタンは喜ばれる料理ですので、秋冬には私もついつい何度も作ってしまいます。具材やチーズの種類を変えることで、何通りもの味が作れるのもうれしいですね。

　グラタン以外にも、野菜に塩とオイルをたらしてオーブンへ。魚に白ワイン、トマト、にんにく、塩、オイルを加えて蒸し焼きに…など、器に素材をどんどん入れてオーブンで焼くという、シンプルな食べ方にもグラタン皿は向いています。

　ただ焼いただけなのにごちそうになる、オーブン料理と迫力のある耐熱皿は、食卓を華やかにしてくれる頼もしい存在です。


（上）井山三希子さん作「耐熱オーバル」22.5×16.5×高さ5㎝。

（中）山田洋次さん作「黄釉オーバルディッシュM」26×18×高さ4.5㎝。（下）作者不明

WESTSIDE《ウエストサイド》33の銅鍋

この銅鍋とは15年ほど前、京都で出会いました。取材先で訪れた「鍛金《たんきん》工房WESTSIDE33」には、銀、銅、錫《すず》の打ち出しの鍋などの台所道具がずらりと並べられていて、その手仕事の美しさに、しばらく立ちすくんでいたかと思います。

その中でもこの銅鍋を選んだのは、深すぎない大きさと、なんとなく女性らしいやわらかさがあるフォルムに惹かれたから。一緒に新幹線に乗って、連れて帰ってきました。

その日から、このお鍋を育てることが始まりました。銅鍋は熱の伝わりがとてもよいので、短時間でふっくらと仕上げる料理が向いています。野菜の蒸し煮や魚の煮ものなど、素材の味わいを生かし、食感をふんわりと、やわらかく仕上げてくれます。オーバルで浅めなので、ブイヤベースのように少し見栄えのする料理を作った時は、テーブルにドンと鍋ごと置いてもさまになるのがこの鍋。使用頻度が高いので、私はすぐに手にとれる場所にいつも置いています。

銅鍋はこのオーバルのお鍋のほかに、段付き鍋とフライパンを使用していますが、段付き鍋は肉じゃがや筑前煮などの根菜をじっくり煮るのに使用し、フライパンは鶏肉や魚の表面をパリッと、中をふっくらときれいに

豚バラと野菜の重ね蒸し

材料（2〜3人分）
豚バラ肉（しゃぶしゃぶ用）……120g
玉ねぎ……1個
みつば……8本
せり……1束
しょうがのせん切り……1かけ分
梅干し……3個
A［紹興酒……大さじ3
　ごま油……大さじ1

①玉ねぎは繊維にそって薄切りに、みつばとせりはざく切りにする。
②鍋に玉ねぎ、豚肉の順に2回重ね、軽く崩した梅干し、しょうが、Aを加えてふたをする。
③弱めの中火にかけ、煮立ったら弱火にして7分蒸し煮にし、火を止めてみつば、せりをのせる。

焼くのに使っています。

ジャムは銅鍋で作るとおいしいとよくいいますが、熱伝導のよい銅で火を入れると、果物の組織をあまり壊すことがないので、フレッシュさを残しながらおいしいジャムを作ることができるのです。その原理をジャムだけではなく、いろいろな料理にも当てはめて作ると、とてもおいしく作ることができるから不思議です。

銅鍋は手入れが難しいと思われがちですが、私はピカピカよりも、あえて使い込んだ銅鍋の感じが好き。お酢で磨くとピカピカにきれいになりますが、よほどのことがない限り、いつも通りの洗い方で使用しています。自分が作る料理によって、ゆっくりと育っているのが実感できる銅鍋は、10年後にどのような姿になっているのかとても楽しみです。

このお鍋をはじめ、台所道具には優れた機能に加えて、洗練された見た目の美しさを持つものがあります。そういったものは、あえて台所の見えるところに並べておき、日々使って、自分のものとして育てていくのを楽しみたいですね。


鍛金（たんきん）工房WESTSIDE（ウエストサイド）33「銅製オーバル型両手鍋（浅型）」23×16.5×高さ7cm

原 泰弘《やすひろ》さんのすり鉢

すり鉢は、器としても使えるものが好きです。食材をすって、すり鉢の中であえ、そのまま食卓に出す。無造作にあえた直後のそんな様子が、とても格好いいのです。すりたて、あえたてのおいしさというのは、最高の贅沢だと思います。

ごまをする、にんにくをする、山椒をする、山いもをする。すりこ木でリズミカルにすり、素材の香りがじわじわと香ってくる。この作業に幸せを感じてしまうのは、私だけでしょうか？

仕事柄、「これに料理を盛ったら、どんなふうに写真が撮れるかな？」「おいしそうに写るかな？」ということを考えて、ついつい器を選んだりしてしまうのですが、すり鉢はおいしそうに盛ることができる、プラスよく〝する〟ことができるという機能がなければダメなのです。これが、なかなか難しい。よくすれるようにあのいくつもの溝をつけるのは、至難のワザなのでは、と思うのです。

すり鉢はもともと、臼を原型にして中国から伝わってきたものだそうですが、内側にあの櫛《くし》のような細かな溝をたくさんつけたのは、日本の備前焼が最初なのだそう。このお話を聞いた時に、日本人ならではの細やかな手仕事に大いに納得しました。

揚げ長いもの山椒ごまあえ

材料（2〜3人分）

長いも……10cm（300g）

白いりごま……大さじ2

粉山椒……小さじ½

塩……少々

揚げ油……適量

①長いもはたわしでよく洗って皮ごと乱切りにし、水けをふく。

②揚げ油を中温（170℃）に熱し、①を表面がカリッとするまで1分揚げる。

③すり鉢に白ごま、粉山椒、塩を入れてすりこ木ですり、②を加えてあえる。

海外に行くと、乳鉢のようなすりつぶす道具はよく見かけますし、インドに滞在した際に、そこのお母さんが料理を作るたびに乳鉢に数種類のスパイスを入れ、そのつど丁寧にすりつぶしているのを目にしました。「だからおいしいのだ！」と感じたのをよく覚えています。私もインドから重い重い乳鉢をトランクに入れて、持って帰ってきました。

乳鉢とすり鉢。どちらも用途は同じように感じますが、乳鉢は素材をすりつぶす＝ペースト状にするのに向いていると思います。繊維が残ることなく、すべてすりつぶされるので、素材の甘み、苦み、辛みがしっかり混ぜ合わされて、パンチのある味になるのでしょう。

すり鉢は、つぶすというよりは「こする」。繊維を少し残しつつ、徐々にすっていくので、乳鉢よりもやわらかな味になると思います。同じ用途なのに、味に変化が出る。道具と料理の関係は、とてもおもしろいです。

ちなみに、私はすり鉢を購入する際に、お店の方にしつこいくらいに「これはよくすれる？」「こっちはどう？」と聞いています。いつもしつこくて、本当にすみません…。でも、すり鉢も長く長く愛着を持って育てたい道具。大切にしたいからこそ、納得のいくものを選びたいですね。

原 泰弘（やすひろ）さん作「黒釉すり鉢」（大）直径25×高さ10cm、4800円。（中）直径20×高さ8.5cm、3800円。（小）直径17×高さ7.5cm、2800円。すりこ木は入手先不明

市川 孝《たかし》さんの土鍋

おでん風鍋

材料（4人分）

A「ちくわ（長さを半分に切る）……4本
「さつま揚げ……4枚

土鍋は大好きな台所道具のひとつで、お店で目にすると「すてきだなあ」と、ついつい引き寄せられてしまいます。

このお鍋は、滋賀県伊吹山の麓に工房を構える陶芸家・市川孝さんの土鍋ですが、オーバルのなめらかな形と28×24.5×高さ10㎝という大きすぎないサイズ、落ち着いた色みや木のふたとの相性などがとてもすてきで、出会った瞬間に「このお鍋でおでんを作ったら、とてもおいしそう！」と強く感じました。

土鍋のよいところは、その加熱の方法。食材に熱がゆっくり、じわじわと伝わっていくので、素材の甘みやうまみがギュッととじ込められて、料理がぐんとおいしく仕上がります。

この市川さんの土鍋で作るのは、おでんのほかに鯛めしなどの炊き込みごはん、お肉と豆の煮込みなども、定番の料理となっています。もちろん、このまま食卓に出してもとてもすてきなので、おもてなしの時などにも活躍してくれています。

土鍋はごはん用とお鍋用など、既にいくつか持っているのですが、それでもお店で土鍋が並んでいると、つい気になってじっと見てしまう…。私の中では、どうしても気になる台所道具のひとつです。

大根（2～3cm厚さの輪切り）……1/2本
ごぼう（6cm長さに切る）……2本
こんにゃく……1枚
干ししいたけ……4枚
結び昆布……8本
B［酒……1/2カップ
　ナンプラー……大さじ1と1/2
　しょうゆ……小さじ1
練りがらし……適量

①干ししいたけ、結び昆布はかぶるくらいの水に6時間以上つけて戻し、しいたけは石づきを除く（戻し汁はとっておく）。
②大根は面取りをして片面に十字の切り込みを入れ、かぶるくらいの水を加えて火にかけ、煮立ったら弱火で12分ゆでる。
③こんにゃくはゆでて格子状に切り込みを入れ、4等分の三角形に切る。
④土鍋に①（戻し汁ごと）、B、水（鍋の8分目まで）、②、③、ごぼうを入れて中火にかけ、煮立ったらアクをとり、Aを加えてふたをし、弱めの中火で40分煮る。そのまま冷まして味をなじませ、食べる直前に温め、からしを添える。

台所道具や器では、人の手で作られた温かみが感じられるものに惹かれるのですが、そんな中でも魅力を感じるものの筆頭といえば、やはり土鍋と壺《つぼ》。土鍋も壺も土から作られた力強いものなので、いつもお店では自然と引き寄せられてしまうのです。

器は小さい頃から好きで、母親の影響が大きいと思うのですが、今でもその数は増えるばかり…。私が0歳から2歳の時、京都で暮らしていたことがあり、母はその頃骨董にはまっていろいろ買い集めたそうです。私も小さい頃から、母の誕生日には毎年コーヒーカップをプレゼントしていたりと、器を愛でる楽しさというのは、幼いながらもあったのだなぁと。

鍋や器を購入する時は、ただ単に欲しいと感じるだけでなく、「何を作りたいか」「何を盛りつけたいか」が想像できるものを買うことにしていることもあって、どれも愛着があるものばかり。若い頃に比べて、さすがに買う量は減ってきましたが、土鍋も壺も器も、すべて出会い。気になるものとは、互いに引き寄せ合っているように思うのです。

なんだか都合のよいように聞こえますが、土鍋や器との私の旅は、まだ少し続きそうです。

市川 孝（たかし）さん作土鍋、28×24.5×高さ10cm

私の小さな必需品

盛りつけ箸

「料理の上手な盛りつけ方を教えてください」と、読者の方に聞かれることがたびたびあるのですが、いつも口で上手に説明することができずに、「どうしたらうまく伝えられるのかな？」と悩んでいます。盛りつけには作法的なものももちろんありますが、それを踏まえつつ、家庭料理ですから、何より「おいしそうに見えるように盛る」というのが、基本なのではないかなと思います。

私も実は「最近、盛りつけが変わってきたね」と、あるベテランの編集者の方に言われました。自分ではあまり感じていなかったのですが、20代から30代前半の頃はやや細かく気を使いすぎていて、少し控えめな盛りつけだったそうです。今は少し大胆になった！と。

「あっ、それは雑になったということでしょうか…？」と聞き返したところ、そうではなくて、「勢いが出て、写真でもおいしさがより伝わるようになった」とお話ししてくださいました。自分ではあまり感じていなかったことなのですが、とてもうれしく思いました。

確かに最近は、大皿にサーバーなどで一気に盛りつけて、その勢いのある感じがおいしそうなのであまりいじらずに、自然な状態の盛りつけを楽しんでいるように思います。器に盛ったあといろいろ触ってしまうと、どう

じゃがいもとセロリのナンプラーあえ

材料(2〜3人分)
じゃがいも……2個
セロリ……½本
セロリの葉……3枚
酒……大さじ1
A［レモン汁……大さじ1
ナンプラー……小さじ2
しょうがのせん切り……1かけ分］
ごま油……大さじ1
白いりごま……適量

①じゃがいもは皮をむいてせん切りにし、水に3分さらして水けをきる。セロリは筋をとって5cm長さのせん切りに、葉もせん切りにする。
②沸騰した湯に酒を加え、じゃがいもを入れて1分ゆで、セロリを加えて10秒ゆで、ざるに上げて水けをふく。
③ボウルに②、セロリの葉、Aを入れて混ぜ、ごま油を加えてあえる。器に盛り、白ごまをふる。

しても整いすぎて、おいしさという部分が崩れてしまうように思うのです。

盛りつけたあとは、整えるのはほんの少し。撮影では特に、盛った瞬間のライブな感じを写真でとらえてもらえるように、盛りつけたらすぐにカメラマンさんへ！ということを考えながら進めています。それとは反対に、和食を小鉢に盛ったり、煮魚の針しょうがや木の芽などを盛りつけたりする時には、大胆さよりも緻密さを大切にしています。

大皿に盛った料理を少しだけ整える作業や、器に山高にして繊細に盛りつける作業など、とても細かな作業に欠かせないのが、この先の細い竹製の盛りつけ箸です。小さなごま粒でもしっかりつかめるほど箸先の細い、盛りつけ用のこの箸は、料理の最後のフィニッシュを美しく整えてくれるなくてはならないもの、締めの存在です。

盛りつけは大胆がよい、と最近は思いますが、最後にこの盛りつけ箸で軽く整えるだけで、伝わるおいしさが数倍違ってきます。どんなに小さな食材や細切りも1本ずつ、薄いものも1枚ずつ、どんな作業もきれいに整えてくれる、私の相棒のような存在です。

暮らしのうつわ 花田「盛付箸」長さ28×幅0.8cm、1200円

台湾の盛りつけサーバー

写真のサーバーは、台湾製のもの。台湾へ行くたびにいくつか購入して帰ってくる、お気に入りのサーバーです。スプーンを大きくしたくらいのサイズですが、フライパンのカーブに沿いながらすくえるので、とても気持ちがよいです。値段はというと、日本円にして200円くらい。ドン・キホーテ的な日用品のスーパーなどで売っています。

台湾へは年に1回、仕事仲間と旅行に行きます。仕事仲間なので、みんな食関係。台湾でおいしいものを食べるという探究心はすばらしく、歩き回っては食べる。「お腹いっぱい」と言っていた1時間後にはまた何か食べるという、まさに食べることを仕事にしているからこその「食の旅」です。

仕事仲間と台湾へ行くようになって5〜6年ですが、実は一度も観光名所には行っていない私たちなのです。とりあえず食べる、食材を買う。何度行っても新しい発見があるのも、台湾の食の魅力だなぁと思います。

一緒に行く仲間のうちのひとりは台湾通で、もう台湾へは50回以上足を運んでいます。長年料理の仕事をしている彼女は、とにかく鼻がきく。新しいお店でも古い店でも、「あっ、ここおいしそう！」「ここいいね！」と、なにしろドンドコドンドコ歩いて歩いて、おいしいお店を発見します。彼女のおかげでいつもおいしいものにありつけるのですが、任せっきりでついて回っているので、何度行っても地図を覚えられず…なのです。

もうひとり、料理のスタイリストさんともいつもご一緒するのですが、やはり餅は餅屋、彼女は器や台所道具にアンテナがビシバシと。このサーバーも、彼女が見つけてくれました。

どんな小さな雑器屋さんにも、「あっ、ここいいものがありそう!」とテクテクと入っていき、今にも落ちてきそうなくらい積み上げた棚や、棚の奥のほうに真っ白にほこりがかぶっているものなども、「あっ、あれ見せてください!」。目が何十個とついているのでは?と思うくらいの発見には、それぞれのプロ意識がここぞとばかりに見えて、とても個性豊かな楽しい旅なのです。

私はというと、後日、どっさり買ってきた食材や調味料で作った料理をみんなに食べてもらう役目。トランクの重量がオーバーしないかハラハラしながら、台湾のおいしいものを詰め込んで、食材と食材の間にこのサーバーを忍ばせて持って帰ってきます。

食材があるから、日本でも台湾の味を再現できる。サーバーがあるから、気持ちよく料理ができる。これが、料理と台所道具のよい関係のような気がしています。

トマトときくらげの卵炒め

材料(2〜3人分)
卵……2個
トマト……大2個
生きくらげ……3枚
長ねぎ……1/3本
しょうがのせん切り……1かけ分
酒……大さじ2
A［塩……小さじ1/3
　しょうゆ……小さじ1
ごま油……大さじ1と1/2

①トマトは6等分のくし形に切り、きくらげはさっと洗って3cm幅に切る。長ねぎは斜め薄切りにする。
②フライパンにごま油を熱し、溶いた卵を入れて中火で大きく混ぜ、半熟状になったらいったん取り出す。
③続けてしょうがを入れ、香りが立ったら①をさっと炒め、酒をふって汁けがなくなるまで炒める。
④②を戻し入れ、Aを加えて炒める。

ステンレス製サーバー(大)長さ21cm、(小)長さ16cm。台湾で購入(200円くらい)

Delouis
DEPUIS 1885
MOUTARDE
DIJON

Liter
1
1
0.9

KAY BOJESEN《カイ・ボイスン》の
細長いスプーン

調味料やジャムの細長いびんの口に、どうして計量スプーンが入らないのだろうというのが、料理をする上でストレスを抱えていた問題でした。小さいスプーンを使ってみたり（柄が短くて、中に入ってしまって手が汚れる）、バターナイフのようなものを使ってみたり（分量がイマイチよくわからない）。レシピを作る上で、量をはかるのも調味料も必須で、どちらも欠かせないのに、いつもスムーズにいかないのが悩みの種でした。

このスプーンは、KAY BOJESENのもの。KAY BOJESENのカトラリーは、わが家でもたくさん使用しているのですが、このスプーンがあったとは知らなかった！と、一昨年東京・合羽橋で見つけたものでした。ラテスプーンという名なので、カフェラテを作る用のマニアックな商品だと思うのですが、この柄の長さとスプーンの大きさが細長いびんの救世主でした。手が汚れることなく、びんの口にひっかかることなく、ストレスフリー。調理の間のストレスがなくなって最高と、このスプーンに感謝しています。

料理のストレスをなくすための便利グッズもたくさん出ていて、100円ショップなどではじっくり見てしまうのですが、安いからよいのではなく、これでストレスがなくなるか、長く使えるか、ということを考えて買いたいものです。ちなみにこのスプーンは、ひとすくいで小さじ1弱です。

KAY BOJESEN（カイ・ボイスン）「グランプリ ラテスプーン」長さ18.1㎝、1200円

RIESS《リース》の計量カップ

計量カップは、料理を作る上で大切な台所道具のひとつ。ステンレス製やプラスチック製、ガラス製と、わが家にもたくさんの計量カップがあります。料理に使うのは、200㎖サイズのステンレスのものですが、この1ℓサイズの計量カップは、毎日飲む麦茶を煮出すのに使用しています。

麦茶はやかんで煮出すことが多いと思うのですが、わが家のやかんは南部鉄器なので中の様子がうかがえず、「何がよいかな?」と思った時に、この琺瑯《ほうろう》の計量カップを思いつきました。琺瑯製なので直火にかけられ、ガラスでコーティングされているので、金属の味がうつることなく、味を損なわないという特徴があります。朝、麦茶のパックと水を入れてグツグツ煮出し、冷蔵庫に。毎日使用しているので茶渋もつくのですが、すぐに洗い落とせるのも琺瑯のよいところ。麦茶以外にも、夏にはめんつゆを作ったり、子どもはこれでココアを作ったりと、いろいろ使用しています。

RIESSはオーストリアで唯一の調理器具メーカーで、オーストリアでは琺瑯製品を作る最後のメーカーだそう。天然素材の原料のみを使用したり、琺瑯製品を作る際に使う電力は水力発電だったり、自然や体にも気を使ったものづくりは共感が持てますし、応援したいという気になりますね。

RIESS（リース）「MEASURING JUG（メジャーリング ジャグ）WHITE」直径10（最大幅17）×高さ14.5㎝、容量1ℓ。以前、東京の雑貨店で購入

ストックの強い味方

PYREX《パイレックス》のガラス容器

パイレックスはアメリカのコーニング社が開発したガラスの一種ですが、日本では耐熱のガラス容器として、昔から家庭で使われていました。私の実家にも、白いガラスにブルーのお花の絵が描かれたお鍋の形状のものがあって、正確にはふたはパイレックス素材で、下の白いガラス部分は違う素材とのことでしたが、パイレックスといえばまずこれを思い出します。当時はどの家庭でも、テレビドラマの中でも、パイレックスがよく登場していた記憶があります。

実家ではそのパイレックスで、シチューやポトフ、ミートソースなどをしばしば作っていたのですが、当時アメリカのテレビドラマ「奥さまは魔女」をよく見ていて、そこにもパイレックスがたくさん登場して、なんとなくアメリカンな感じが憧れで、ナウかったのだと思います。

そのパイレックスは、残念ながら実家にも私の手元にも残ってはいないのですが、それから何十年経った今でも、たくさんの家庭で使用されているパイレックスシリーズは、わが家にも丸型、パウンド型、ボウルなど、いろいろなものが自然と集まってきました。

アメリカへ旅をすると、ついつい探してしまうのが、パイレックスの容器です。オールドパイレックス（１９４０〜１９７０年代に作られたヴィ

パプリカとかぶのマリネ

材料（2〜3人分）
パプリカ（赤・黄）……各2個
かぶ……大3個
塩……小さじ1
A［赤ワインビネガー……大さじ2
　ナンプラー……大さじ1
B［白ワインビネガー……大さじ1
オリーブ油……大さじ6
黒粒こしょう（粗く刻む）……小さじ1

①パプリカは丸ごと焼き網にのせ、強火で皮が黒くなるまで焼く。水にとって熱いうちに皮をむき（やけどに注意）、種を除き、水けをふいて食べやすく切る。
②かぶは皮をむいて横3㎜幅に切り、塩をまぶし、しんなりするまでおく。
③ボウルに①とA、水けをきった②とBをそれぞれ入れて混ぜ、①にはオリーブ油を半量回しかけてあえる。容器に入れ、かぶには粒こしょう、残りのオリーブ油をかける。

ンテージもの）もそうですが、新しいものでも日本にはない形やサイズがあり、価格も安価なので、パイレックス探しがとてもおもしろいのです。どのスーパーやショッピングセンターに行っても、パイレックス製のものがたくさん売られているので、ガラスなので重量はかなりあるのですが、頑張って日本に持って帰ってきます。

去年購入してきたのは、この浅型の容器。マリネを入れたらきれいだろうなぁと思い、購入しました。密閉度が高くて保存性が高いので、友達の家に持っていく際などにも便利ですし、ふたを開けてそのまま食卓へ出して美しいところも気に入っています。今回のようにきれいな色のマリネを作ることもありますし、プリンやゼリーなどを作ることもあります。

器も料理の一部といいますが、いつも作る料理なのに、ガラスの容器に入れるだけで数倍もおいしそうに感じるから不思議です。ふたのないパイレックス型でケーキやプリンを作り、そのまま手土産にする場合は、ワックスペーパーをかぶせ、麻ひもでぐるっと結んで持っていっています。

クリスマスシーズンなどには、大活躍間違いなしの器。もし、台所の中や実家などで眠っているパイレックスがあったら、ひっぱり出してぜひ使ってみてくださいね。

Pyrex（パイレックス）のガラス保存容器、19.5×14.5×高さ4.5㎝、容量750㎖。ハワイで購入

2 qt.
1.5 L
1qt.
½ L

CAMBRO《キャンブロ》のフードコンテナー

飲食店に行くと、必ず厨房をちらっと覗いてしまいます。厨房がきれいだとおいしい。これは私の持論かもしれませんが、「料理は片づけから」とはよくいいますが、きれいな台所から生まれる料理とそうではない台所から生まれる料理とは、歴然とした差があると思っています。

私がよく行く近所のとんかつ屋さんは、毎日何十枚という数の揚げものをするのに、コンロも壁も換気扇もピカピカ！　見ていても、本当に気持ちがよいのです。私の母も、部屋は散らかっていたとしても、「コンロが汚れているのは嫌なのよね」と、台所のコンロだけはいつもピカピカでした。一人暮らしをしていた私の部屋に来ては、いつもコンロをピカピカにして帰ってくれていたのをよく覚えています。

なんとなく私もそれを受け継いで、キッチンだけは気持ちのよい空間にしたいと、いちばん手入れに時間をかけている場所が台所だと思います。何より、撮影の際に作ったものをスタッフのみんなに食べてもらうので、清潔な空間の中で生まれたものを自分も食べたいし、食べてもらいたい。そんな思いがあります。

キッチンを覗いてしまうのは日本のみならず、海外へ行った時も同じです。最近、日本でもオープンキッチンのお店が増えてきましたが、海外で

フルーツポンチ

材料（4人分）

りんご（あれば紅玉）……1個
プラム……3個（またはぶどう12粒）
キウイフルーツ……2個
グレープフルーツ……1個
A［水……2と1/2カップ
　はちみつ……80g
レモン汁……大さじ4
ラム酒……大さじ2

①りんごとプラムは皮ごと2～3㎝角に切り、キウイは皮をむき、縦6等分に切って横半分に切る。グレープフルーツは薄皮を除いてほぐす。
②鍋にAを入れて中火にかけ、ひと煮立ちさせてはちみつを溶かす。
③粗熱がとれたらレモン汁、ラム酒、①を加えて混ぜ、冷蔵室で2時間冷やす。
＊フルーツは、季節のものを数種類混ぜるといい。バナナ、オレンジ、メロンなどもおすすめ。

は割とどのお店もキッチンが丸見え。「どんなふうに作っているのかな」「どんな道具を使っているのかな」と見ているととてもおもしろいので、ついつい真剣に覗いてしまうのです。アメリカの厨房を見ると、どのお店でも必ず使用しているのが、このCAMBROの密閉容器。行くお店お店で使用していたので気になっていたのを、日本に帰って調べて購入しました。

業務用というだけあって、密閉力がすごい。絶対にこぼれません。「ポリカーボネイト」という熱に強い素材なので、熱いものを入れても大丈夫で、においも残らない。高い密閉性のおかげで、食材も少し長持ちします。

さすがアメリカ生まれということもあり、写真のものがいちばん小さいサイズなのですが、私は粉類やスープ状のもの、マリネ、洗って水けをきった野菜、おせんべいや乾物などの湿気に弱いものや、ほかの保存容器では少し心配な汁ものなどを保存するのに使用しています。キャンプに行く時には、切った野菜や下味をつけたお肉を入れて持っていったり。いろいろなシーンで活躍してくれる密閉容器です。

お米やみそ、梅干し、ぬか漬けなどを入れるのにもいいですね。業務用ならではの強さを感じられる、アメリカンな密閉容器です。

CAMBRO（キャンブロ）「角型フードコンテナー（ふたつき）」18.1×18.1×高さ10.1㎝、容量約2ℓ、3980円

ぬか漬けの壺《つぼ》
みその壺《つぼ》

ぬか漬けを作るようになって、15年ほど。実家のぬか床を分けてもらったのが始まりです。ぬか床だけはダメにしないようにと、毎日かき混ぜて育ててきました。でも、最初のうちは長期間家を空けたり、ついつい混ぜるのを忘れてしまうこともあり、表面を少し削ったり、母からまたぬか床を分けてもらったりと、たびたびぬか床を修復して…ということをくり返してきました。

ぬか漬けは、食事の間の箸休めになくてはならないもの。定番はやはりきゅうりですが、季節の野菜を漬けるのも、ぬか漬けの醍醐味です。漬け初めの頃は、大きな保存容器で大量に漬けていたのですが、場所をとるのが悩みの種。冷蔵庫に入れるにしても、大きくて場所をとるし、台所に出しておいても、存在感がありすぎる。混ぜるのも少し大変。容器の大きさがいつも気になっていて、何度か別の容器に入れ替えたりして、なかなか定まらない感じが数年続きました。

でも、ふと「この量のぬか床は必要なのかな?」と思ったのです。うちでは子どももぬか漬けが好きで、毎日必ず食べるのですが、毎朝漬けるとしても、きゅうり1本やにんじん1/2本、かぶ1個などと割と少量。たっぷりのぬか床で漬ければ、それはおいしいですが、漬ける量が少ないのだから入れ物を小さくしてもよいのかなと、この小さな壺で漬けることにしました。ちなみに奥にあるのは、みそが入っている壺。これも大きい容器で仕込み、使いやすい量をこの壺に移して使用しています。

ぬか漬け容器をこれに変えたことで、かき混ぜる負担が減り、場所もとらなくなって一石二鳥。やっとぬか床の場所が定まった気がしました。

ぬか床は生きているので、通気性のよい樽や陶器で漬けるとおいしくなります。毎日かき混ぜて、春には山椒の実や煮干しを、夏には青梅を、秋には干ししいたけを、冬には鮭の頭を香ばしく焼いたものを季節に合わせてぬか床に加えて、味わい深く、おいしいぬか床を作ります。

また、ぬか床の調子が悪かったり、なかなか味が決まらない時、近くのぬか漬け上手な人にぬか床を少し分けてもらって加えると、不調のぬか床はぐっと調子がよくなります。

ぬか床は、放っておかれるととても不機嫌になってしまいます。やっぱり1日1回、声をかけてあげながらかき混ぜると、さらにおいしいぬか床になると思います。

さばのぬか床煮

材料（2〜3人分）

さばの一夜干し……半身2枚
長ねぎ……1/4本
A
- 昆布……3cm角1枚
- しょうがの薄切り（皮つき）……1かけ分
- ぬか床……大さじ3
- 酢……小さじ1
- 酒、みりん……各1/4カップ
- 水……1/2カップ

しょうゆ……小さじ1
みょうが……1個

①長ねぎは斜め薄切りにし、Aとともに鍋に入れ、中火でひと煮立ちさせる。
②半分に切ったさばを加え、再び煮立ったら、落としぶたをして弱火で10分煮る。
③しょうゆを加えてさっと煮、器に盛ってせん切りのみょうがをのせる。

（手前）石見（いわみ）焼のふたつき壺（つぼ）、口径10×高さ9cm。
（奥）小鹿田（おんた）焼のふたつき壺、口径10×高さ23cm。ともに東京の民芸品店で購入

ガラスボトル

何でも揃っているものが好き。台所道具ではボウルやバット、お箸やスプーン。気に入ったものは、まとめ買いでいくつか揃えてしまいます。

このガラスボトルは、一見なんてことないガラスびんですが、実はいろいろ探し回りました。どんなものでも「好きな形だけれど、少しだけ気になる」というものが世の中にはたくさんあって、その中で妥協するか、思い描いているものを探し続けるか、私は割と後者のほうだと思います。

洋服でもTシャツなどは、「もう少し首まわりが詰まっているものがいいなぁ」とか、「丈があと5㎝短ければ」というものがあり、でも「これでいいや」と購入すると、やはりその部分が気になって、結局着なくなってしまう…という経験が、今までたくさんあったのです。

ボトルもしかり。びんの首の部分が少しずつ違うのです。不思議ですが、首が長いと野暮ったく見えたり、首からの膨らみが大きいと甘く見えたり。これは感覚でしかないのですが、そこは妥協したくない部分なのです。

このびんに出会って大量買い。酒、しょうゆ、みりんなどの調味料のほか、季節で作るジンジャーシロップや梅シロップ、赤じそシロップも入れています。これればかりは私の変な(!)感覚なのですが、「普通できれい」というものを見つけるのは、なかなか難しいものだなぁと思います。

Found MUJI「ソーダガラスボトル」容量約720㎖。3年ほど前に「Found MUJI 青山」で購入

ガラスの米びつと枡《ます》

米びつにしているこのガラス容器は、大好きな辻和美さんの器です。辻和美さんのガラスはわが家でもたくさん使わせていただいていて、ゆがみのない、使うたびに本当に美しいと思う、料理を喜ばせてくれる存在です。

作家さんのそれぞれの思いが詰まった作品は、どれもすばらしいなと思うものばかりで、なかなかマメに個展などには足を運べないのですが、時間を見つけては器屋さんに行き、お話を聞きながら購入しています。

私がよく伺う器屋さんのひとつに、神奈川・鎌倉の「夏椿《なつつばき》」さんがあります。わが家にある器の半分以上は、もしかしたら夏椿さんから購入したものかもしれません（笑）。店主の恵藤《えとう》さんの審美眼はとても信頼できるもので、器のお話を聞くのは勉強になりますし、楽しい時間でもあります。

この器も夏椿さんで購入したもので、米びつにするというのは恵藤さんのアイデア。私もお米を入れようと購入し、玄米2kgを入れています。

辻さんのガラスを米びつにするなんて、とても贅沢なことですが、器は飾るのではなく日々使用したい。日々使用して自分のものになる、と思うのです。お米は毎日使うので、毎日このガラスの器を触るたびに愛着がわいて、自分の器として台所の一部になってなじんできたなぁと思います。

辻 和美さん作ガラスのふたつき容器「いつかの空気」直径18×高さ13cm。一合枡（ます）8.5×8.5×高さ5.2cmは、生活雑貨店や酒屋などで購入可

Aziende Agricole
Santa Croce E Sant'Aloja
Canosa di Puglia Italia
Olio Extravergine

オリーブオイルポット

「オリーブオイルは陶器のものに入れるのがいいのよ」と、20代後半の時に仕事で行ったフランスのコーディネーターさんに教わりました。その頃ＩＫＥＡ《イケア》はまだ日本になくて、フランスのパリにあったＩＫＥＡで、大量のキッチン雑貨やお皿などを買いました。今思えば「なんであんなに買ったのだろう…」と笑い話なのですが、未だに大好きなＩＫＥＡですが、当時は若さなればこそ。トランクいっぱいに詰め込んで、入らないものは手荷物にして、ＩＫＥＡのものをたくさん買って持って帰ってきました。

その中に白い陶器のオイルポットがあったのですが、残念ながら割ってしまい、探しているうちに出会ったのがこちら。あまりひと目惚れでは物を買わないのですが、これはひと目惚れ。イタリアのオリーブオイルが詰まっていて、形も色も一瞬で惹きつけられて、日本価格とあって高価だったのですが、「これだ」と思って購入したのが、もう十数年前になります。

あまり色がついたものがない台所道具の中で、唯一色があり、私の台所の中ではとても目立つ存在です。今ではほかのオリーブオイルを入れて使用していますが、料理に欠かせないオリーブオイルをおいしく保ってくれて、私の料理を支えてくれているオイルポットなのです。

最大外径15×高さ22cm、容量1ℓ。フランスで購入。コルクの栓は別売りのもの

茶箱

撮影でたくさんの量を使用するので、どんどん増えてしまう食材や調味料。広い食材庫というのは永遠の憧れで、限られた場所に収納するのでいつも溢れ出していて、台所の中では気になっている場所でした。

この茶箱は、キッチンと廊下のクローゼットにひとつずつあるのですが、ひとつには調味料のびん、もうひとつには缶詰やびん詰が入っています。杉でできているため丈夫で、香りがうつらないため、私は食品を入れていますが、衣装箱にもおすすめなのだそう。中面はトタン（亜鉛鉄板）なので、外気や熱、湿気や虫などから守ってくれます。茶箱にもいろいろな大きさがありますが、私は正方形で縦長なものを使用しています。部屋の隅っこの角にぴたりと収まるサイズで、高さのあるびんもきちんと入ります。

もうひとつの缶詰やびん詰が入っているものには、巾着袋も1枚一緒に入れてあり、非常時にここにあるものを袋に詰めて持っていこうと、乾パンや非常用のクッキーなども入れてあります。以前は非常用のリュックに入れていたのですが、いつのまにか賞味期限切れに。この茶箱ならいつも開け閉めしているので、期限も確認することができるな、と。見た目がすっきりしているので、部屋に出しておいても気にならないのもお気に入り。今年の春には子どもの作品入れにと、新たにひとつ買い足しました。

鈴木製函（せいかん）所「茶箱 スツール」32×32×高さ41㎝、4100円

テーブルの上で

ROSTFREI
SOLINGEN
GERMANY
LAGUIOLE

イタリアの業務用の皿

イタリア映画の中に出てくるパスタやマリネ、トリッパなどの煮込み。たくさんのそんな食事のシーンのほか、イタリアのお店や家庭でもよく使用されているのが、少しぽってりとしたこの業務用の白い食器です。

私も10年ほど前から使っていますが、不思議なことにパスタやマリネ、揚げものなどのイタリア料理をこの器に盛ると、トラットリアの料理のように表現できて、ぐっとおいしそうに感じるのです。最近では使いやすいサイズもたくさん売られていますし、気軽に買える値段なので、形やサイズを変えて、10枚単位で使用しています。撮影時やたくさんのお客さまがいらっしゃる時には、このお皿を取り皿にし、家族だけの時には盛り皿や取り皿、いろいろな使い方ができる器として、日々活躍しています。

食洗機にかけることもできるので、多少雑に扱っても丈夫なのがよいところ。小さな子どもにも安心して使えるので、子どもの友達が来た時などは、この器でおやつを出したりしています。使う頻度が高いのに、まだ1枚も欠けたり割ったりということがないのは、業務用のお皿ならでは。いろいろなシーンで使えるこの器は、10枚単位で買うのがおすすめです。器が揃っていると美しいですし、食器棚もすっきりとしてきれいです。

(下から)サタルニア「チボリ オーバルプレート35」35×24×高さ4.5cm、4800円。
「チボリ デザートプレート」直径20×高さ3cm、1000円。
「チボリ オーバルプレート23」23×14.5×高さ3.2cm、1600円

フランスとドイツのバターナイフ

私が今、台所道具の中で最も美しいと思っているのが、写真左のドイツ製のバターナイフ。日本の雑貨屋さんで購入したドイツ・ゾーリンゲンのEichenlaub《アイヘンラウブ》のもの。繊細だけれど男っぽい、惚れ惚れするナイフです。

　バターナイフは国によってさまざまで、ひとつとして同じものがないのがおもしろいです。アジアに旅をすると、ヤシの木や竹、象牙などの素材で作られたものがありますが、ほとんどが手作りで、その手作りらしいやわらかさがかわいらしく、お土産にすることも多いです。反対に、アメリカやヨーロッパではシャープなものが多く、美しさが際立ちます。両親が時々ヨーロッパに旅をするのですが、「お土産は何がいい?」と聞かれると、「バターナイフを見てきてね」と答えます。両親が買ってくるバターナイフは、かっこいいというよりは少し笑えるものが多く、陶器製の人の顔がついていたり、動物やお城が彫刻されていたり。ヨーロッパらしいシャープさとは違うのですが、それもまたお国柄が出て楽しいものです。

　いろいろな旅先でひとつの道具を買うと、地域性が出ておもしろく、探すのが習慣になって楽しいです。私には、それがバターナイフなのです。

(右) Laguiole (ライヨール) のバターナイフ、長さ15.2㎝。ハワイで購入。
(左) Eichenlaub (アイヘンラウブ) のバターナイフ、長さ16.5㎝。
以前、OVER THE COUNTER by ARTS & SCIENCE にて購入

コーヒードリッパー

フジローヤルのコーヒーミル
コーヒー豆を挽く時は、コンパクトで音も静かなこの本格ミルで。FUJI ROYAL「みるっこ コーヒーミル R220黒」24.5×16.5×高さ36㎝、5万5500円

うちでは、お客様がたくさんいらした時などには、写真左のコーヒードリッパーでコーヒーをいれます（ちなみに写真右もドリッパーですが、こちらはジャグ＝水入れとして使用）。島根・湯町窯《がま》のコーヒードリッパーで、以前、東京・丸の内にあった雑貨屋さんで購入したもの。10年ほど前にそのお店で、湯町窯のエッグベーカーのワークショップの講師をやらせていただきました。湯町窯というとエッグベーカーが有名で、卵を割り入れて蒸し焼きにすると半熟の目玉焼きができ上がる器で、私の中では極上の卵料理です。そんなご縁もあり、当時、島根県のたくさんの窯元の器が集められ、このコーヒードリッパーもその中のひとつでした。

渋い黄色で、ぽってりした手触りだけれど形はすっとしていて美しく、とても気に入っています。コーヒーカップもひとつとして同じものがなく、私はマグカップを何個か購入したのですが、そのマグカップを気に入ったのが夫。いくつか夫の仕事場へ持っていかれてしまいました。

民芸の器はひとつだけ購入し、同じものを買わないようにしています。色、形など存在が大きく、1枚でも食卓が華やかになるからです。そしていろいろな窯元があるので、ひとつずつ集めていく楽しみがありますね。

（右）CHEMEX（ケメックス）「ガラスハンドルコーヒーメーカー 6カップ」直径13.5×高さ21㎝、1万2000円。
（左）湯町窯（がま）のコーヒードリッパー、口径11.5×高さ20㎝。東京の雑貨店で購入

耐熱ガラスのティーポット

私が大好きなもののひとつに、ティーポットや急須があります。台所道具や食器の中でもついつい買い集めてしまう、少し趣味的な道具です。ティーポットや急須を買う時は、まず持ちやすさと、注ぐ時にお茶がたれないかということが重要なのですが、このガラスのティーポットは、お湯を注いだ時に葉っぱが対流するのがよく見えて、とてもきれいなのです。

わが家では日々たくさんのお客様が来るので、おいしいお茶が欠かせません。年に1度行く台湾旅行では、お茶問屋さんから大量にお茶を購入してきます。今気に入っているのは、梨山《リーシャン》という山でとれる高山茶。梨山茶をこのティーポットでいれると、丸まったお茶の葉がきれいに開いて、1枚1枚泳ぐ姿はとても美しく、ふたを開けた瞬間に広がる甘い香りに幸せを感じます。台湾茶のほかにスリランカの紅茶、日本のお茶もたくさん飲みますが、お茶によってティーポットや急須を変えると、香りや味も少しずつ変わっておもしろいものです。

このティーポットには、美しいお茶の葉やハーブティーなどが向いています。耐熱性とはいえとても薄いガラスなので、洗う際に少しドキドキしてしまうのですが、おいしく、美しく演出してくれるこのティーポットは、大切なお茶の時間をリラックスさせてくれるすてきな存在です。

スタジオプレパ「GLASS TEA POT BAMBOO」直径9.5（最大幅13）×高さ12.5㎝、容量500㎖、2万2000円

24
フタ
24

亀の子たわし

たわしは台所の中で、野菜の土汚れを落としたり、鍋やフライパンを洗うのに使用しています。ごぼうやにんじん、じゃがいもなどは、なるべく皮ごと食べるようにしていますが、素材の味をぐっと感じることができますし、力強い味の料理になります。たわしで土を落としながら洗うと、その適度な毛のかたさで皮を削りすぎずに、ちょうどよいあんばいで汚れを落とし、素材そのものの風味を残してくれます。このほかガス台や五徳などの台所掃除、お風呂のタイルや玄関のたたき掃除に使うことができるのも魅力。水に浸しっぱなしはよくないので、必ず水けをきり、時には天日で乾かしています。

亀の子束子（たわし）本店「亀の子束子1号型（小）」10×8×厚さ5㎝、340円

キクロンA

スポンジは、本当にいろいろなものを使用してきました。ここ数年は、もっぱらこの「キクロンA」。ちょっとレトロなパッケージが、クスッとかわいらしいのですが、1960年に世界初の貼り合わせスポンジとして誕生したそうで、スポンジ部分の泡立ちのよさ、研磨粒子入りの不織布部分の研磨力が、ものすごく好みなのです。すぐにヘタれることなく、耐久性に優れていて長持ちするのもよいところ。そして消耗品なので、近くのスーパーですぐに買えて、価格もありがたいというのが、ロングセラーならではの大切なポイント。ちなみに色は3色あり、私はイエローを愛用しています。

キクロン株式会社「キクロンA」7.5×11.5×厚さ3.6㎝、200円

台所用洗剤

子どもが生まれ、皮膚にやさしい、環境にやさしいことなどにより気を使うようになってから、台所まわりで使用している洗剤はこの2つ。エコベールは食器洗い用の洗剤で、とても泡立ちがよく、台所で邪魔にならないやさしい香りで使い続けています。食器洗浄機用の洗剤は、今までいろいろなものを試してきました。体や環境のことを考えている洗剤は、汚れ落ちがいまいちだったり洗剤が残ってしまったりと、なかなかよい出会いがなく、やっとピタリときたのが、このソーダサン。わずかキャップ1杯分でお皿がピカピカになり、コストパフォーマンスの面でもとても助かる洗剤です。

(右)エコベール「食器用洗剤 レモン」500㎖、580円（パッケージは順次リニューアル中）
(左)SODASAN（ソーダサン）「ディッシュウォッシャー（食洗機用粉末洗剤）」1㎏、1500円

ヒバオイル

ヒバオイルは精油なので、アロマポットで焚《た》いたり、精製水で薄めてルームスプレーにしたりなどいろいろな使い方がありますが、わが家では、なくてはならないお掃除道具。来客が多いので、毎朝床を水拭きするのですが、かたく絞った雑巾に2〜3滴たらして使っています。そうすると、とてもすっきり。床からもほのかにヒバの香りが漂い、気持ちがよいのです。ヒバは「ヒノキチオール」という成分を多く含み、香りがよく、「消臭、脱臭効果」「精神安定効果」「防虫効果」など、とても強い抗菌作用があります。食べ物を扱う場所なので、いつも清潔に保てるのはヒバオイルのおかげだと思います。

HIBA LIFE（ヒバ ライフ）「青森ひば精油」20㎖、1000円

入手先リスト

この本で紹介した商品は、
すべてワタナベさんの私物のため、
同じものが必ず手に入るとは限りません。
あらかじめご了承ください。
データは2018年10月19日現在のものです。

p8
木屋のまな板

日本橋木屋本店
東京都中央区日本橋室町2・2・1
コレド室町1F
☎03・3241・0110
営業時間 10：00〜20：00
定休日 元日
http://www.kiya-hamono.co.jp/

p12
吉實(よしさね)のペティナイフ

吉實
東京都江東区亀戸7・25・3
☎03・3684・1507
営業時間 9：00〜17：00 不定休
http://yoshizane.sakura.ne.jp/products.htm

p12
omoto(オモト)の菜切り包丁

生活の中の布と鉄 omoto
http://www.nunototetsu.com/

p16
雲井窯(くもいがま)のごはん用土鍋

雲井窯
滋賀県甲賀市信楽町黄瀬2808・149
☎0748・83・1300
www.kumoi.jp

p20
桶栄(おけえい)のさわらのおひつ

桶栄
東京都江東区扇橋1・13・9
☎03・5683・7838
http://www.okeei.jp/

p28
イタリアのガラスジャグ

The Tastemakers & Co.
東京都港区南青山7・9・1
☎03・5466・6656
http://thetastemakersandco.com

p32
conte(コンテ)のステンレスボウル

一菱(いちびし)金属
新潟県燕市燕49・7
☎0256・63・7211
http://conte-tsubame.jp
★STOCK THE PANTRY（東京都世田谷区桜3・2・18・2F 営業日はインスタグラムで確認を）にて取り扱いあり

p36
家事問屋のステンレス容器

家事問屋
新潟県燕市小池4803・4
☎0256・64・5588
http://kajidonya.com/

p40
有次(ありつぐ)のやっとこ鍋

有次
京都市中京区錦小路通御幸町西入ル
☎075・221・1091
営業時間 9：00〜17：30
定休日 1月1〜3日

p44
お弁当箱いろいろ

柴田慶信(よしのぶ)商店本店
秋田県大館市御成町2・15・28
☎0186・42・6123
営業時間 9：00〜17：00
定休日 土・日・祝
http://magewappa.com
★「シバキ塗り弁当箱」は各種取り扱いあり

CLASKA ONLINE SHOP
www.claskashop.com

p48

釜定(かまさだ)の鉄瓶

釜定本店
岩手県盛岡市紺屋町2・5
☎019・622・3911
営業時間 9:00〜17:30
定休日 日

p52

ヨーグルトメーカー

タニカ電器
岐阜県多治見市上野町5・5
0120・849・610
https://tanica.jp
(オンラインショップ https://subaruya.com)

p56

精米機

山本電気
福島県須賀川市和田道116
☎0248・73・0835
http://www.ydk.jp/index.html

p57

BIALETTI(ビアレッティ)のモカエキスプレス

ストリックスデザイン
東京都中野区中央5・7・1
☎03・3383・2112
https://bialetti.jp

p62

佃(つくだ)さんのお椀

夏椿(なつつばき)
神奈川県鎌倉市佐助2・13・15
☎0467・84・8632
営業時間 11:00〜17:00
定休日 月・火(祝日営業・振替休日あり)
http://natsutsubaki.com

p63

ワイングラス

RONA(ロナ)
木村硝子店
東京都文京区湯島3・10・7
☎03・3834・1782
http://www.kimuraglass.co.jp/zizi
(オンラインショップ)

p64

STAUB(ストウブ)の片手鍋

ツヴィリング
J.A. ヘンケルス ジャパン
www.staub.jp

p68

turk(ターク)の鉄フライパン

ザッカワークス
東京都千代田区神田小川町2・12
信愛ビル4F
☎03・3295・8787
http://www.zakkaworks.com/turk/
(オンラインショップ https://store.zakkaworks.com)

p72

照宝(しょうほう)の蒸籠(せいろ)

p80

照宝の中華鍋

p84

照宝の素焼きの一人鍋

照宝
神奈川県横浜市中区山下町150
☎045・681・0234
営業時間 10:30〜20:30 無休
http://www.shouhounet.jp

p82

白木屋傳兵衛(しろきやでんべえ)商店のシュロたわし

江戸箒(ほうき)老舗
白木屋傳兵衛
東京都中央区京橋3・9・8
0120・375・389
営業時間 10:00〜19:00 定休日 日・祝
http://www.edohcuki.com

p88
ポルトガルのパン焼き器
ユーロキッチンかさい
神奈川県海老名市中野1・11・39
☎046・238・9991
https://eurokitchen.jp

p92
KING《キング》の無水鍋®
HAL ムスイ
広島市安佐南区長束3・44・17・8
☎082・239・1200
http://musui.co.jp
（オンラインショップ http://www.musui-shop.com）

p96
無印良品のステンレスバット
無印良品 池袋西武
東京都豊島区南池袋1・28・1
西武池袋本店別館1・2F
☎03・3989・1171
営業時間 10：00〜21：00（日・祝〜20：00）
定休日 西武池袋に準ずる
http://www.muji.com

p100
耐熱皿いろいろ
井山三希子さんの耐熱皿
KOHORO 二子玉川
東京都世田谷区玉川3・12・11・1F
☎03・5717・9401
営業時間 11：00〜19：00　不定休
https://kohoro.jp

山田洋次さんの耐熱皿
https://yamayo-pottery.com

p104
WESTSIDE《ウェストサイド》33の銅鍋
鍛金《たんきん》工房 WESTSIDE33
京都市東山区大和大路通七条下ル七軒町578
☎075・561・5294
営業時間 10：00〜17：00　定休日 火

p108
原 泰弘《やすひろ》さんのすり鉢
★STOCK THE PANTRY（東京都世田谷区桜3・2・18・2F　営業日はインスタグラムで確認を）にて取り扱いあり

p112
市川 孝《たかし》さんの土鍋
夏椿《なつつばき》
神奈川県鎌倉市佐助2・13・15
☎0467・84・8632
営業時間 11：00〜17：00
定休日 月・火（祝日営業・振替休日あり）
http://natsutsubaki.com

p116
盛りつけ箸
暮らしのうつわ 花田
東京都千代田区九段南2・2・5
九段ビル1・2F
☎03・3262・0669
営業時間 10：30〜19：00　祝11：00〜18：30
（催事期間中の祝日は通常通りの営業）
定休日 日（催事期間中は営業）
https://www.utsuwa-hanada.jp

p124
KAY BOJESEN《カイ・ボイスン》の細長いスプーン
大泉物産
新潟県燕市小関1511
☎0256・63・4551
http://kay-bojesen.jp

p132

CAMBRO（キャンブロ）のフードコンテナー

★STOCK THE PANTRY（東京都世田谷区桜3・2・18・2F　営業日はインスタグラムで確認を）にて取り扱いあり

p141

ガラスの米びつ

factory zoomer
http://www.factory-zoomer.com/

p145

茶箱

鈴木製函（せいかん）所
静岡県掛川市横須賀310
☎0537・48・2150
http://plaza.across.or.jp/~prs66896/index.html

p148

イタリアの業務用の皿

ザッカワークス
東京都千代田区神田小川町2・12
信愛ビル4F
☎03・3295・8787
http://www.zakkaworks.com/saturnia/
（オンラインショップ https://store.zakkaworks.com）

p152

コーヒードリッパー

ケメックス コーヒーメーカー
雑貨店、各種ネットショップなどで購入可

p153

耐熱ガラスのティーポット

スタジオプレパ
http://prepa.jp

p154

フジローヤルのコーヒーミル

富士珈機
大阪市浪速区稲荷1・8・29
☎06・6568・0440
http://www.fujiko-ki.co.jp/

p158

亀の子たわし

亀の子束子（たわし）本店
東京都北区滝野川6・14・8
☎03・3916・3231
営業時間 9:00〜12:00、13:00〜17:00
定休日 土・日・祝
https://www.kamenoko-tawashi.co.jp/

p158

キクロンA

キクロンお客様相談室
📞0120・72・5670
http://www.kikulon.com/

p159

台所用洗剤

エコベール
📞0120・61・9100
http://www.ecover.co.jp

SODASAN（ソーダサン）
omochabako 自由が丘店
東京都世田谷区奥沢5・24・7
☎03・6421・4021
営業時間 11:00〜20:00
無休（お盆、年末年始を除く）
https://www.omochabako-webstore.jp/
📞0120・070・868
（WEB STORE電話注文ダイヤル）

p159

ヒバオイル

ヒバ開発
青森県下北郡大間町大間76・2
☎0175・37・4711
http://www.aomori-hiba.com
（オンラインショップ http://aomori-hiba.shop-pro.jp）

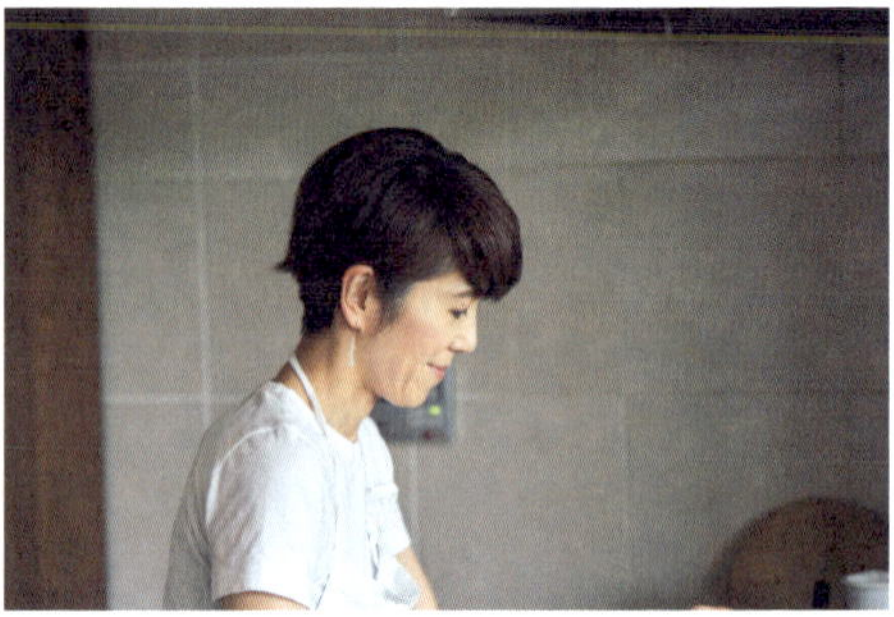

ワタナベ マキ

1976年、神奈川県生まれ。夫、小学生の息子との3人暮らし。グラフィックデザイナーを経て、2005年から「サルビア給食室」を立ち上げ、料理家に。雑誌や書籍でのレシピ提案、イベントなどで幅広く活躍中。著書に『らくつまみ100』『つまみサラダ100』『アジアの麺』(すべて小社刊)など。2017年に不定期の保存食、お菓子、雑貨のお店『STOCK THE PANTRY』を東京・世田谷にオープン。

ブックデザイン
渡部浩美

撮影
平野太呂

取材
福山雅美

校閲
滄流社

編集
足立昭子

うちの台所道具

著　者／ワタナベマキ
編集人／小田真一
発行人／永田智之
発行所／株式会社 主婦と生活社
〒104-8357 東京都中央区京橋3-5-7
☎03-3563-5321(編集部)
☎03-3563-5121(販売部)
☎03-3563-5125(生産部)
http://www.shufu.co.jp
印刷所／凸版印刷株式会社
製本所／株式会社若林製本工場
ISBN978-4-391-15193-0

＊この本に掲載された商品の価格は、平成30年10月19日現在のものです。また表示価格は、すべて本体表示(税抜き)です。